I0483659

Loris Modena

Guida alla gestione di portali Joomla!

Titolo del libro: Guida alla gestione di portali Joomla!
ISBN: **978-1-4710-3450-3**
ID: **12373829** - www.lulu.com

Indice generale

Capitolo 4 – Gestione Componenti

Capitolo 4 – Strumenti e ottimizzazioni

Introduzione

Joomla! è forse il più noto CMS oggi disponibile, nato nel 2005 sulla base del codice di Mambo, a partire dalla versione 1.5 interamente realizzata dal Team Joomla! viene considerato da molti il migliore CMS in ambito Open Source. Sicuramente il suo punto di forza risiede nella sua grande adattabilità, con Joomla! non si realizzano solo Blog, Portali e Social Network, ma anche siti aziendali che vanno dai ristoranti al commercio elettronico.

Il punto di forza dei software Open Source di successo risiede nella comunità. La community che ruota attorno al CMS Joomla! è molto grande e attiva, è quindi possibile trovare moltissimi componenti aggiuntivi e temi grafici che potenziano questo applicativo. La sua grande elasticità lo rende molto complesso a chi si avvicina a Joomla! per la prima volta, a uno sguardo poco attento e superficiale Joomla! può sembrare più disordinato e dispersivo di altri CMS. Compresa la logica rivela tutte le sue potenzialità arrivando dove altri software non osano nemmeno immaginare, diventando a tutti gli effetti un framework di sviluppo con il quale realizzare qualsiasi applicazione Web.

In Internet sono disponibili molte guide che spiegano come realizzare un Sito Web in Joomla! spesso richiedono determinate conoscenze di base e trascurano per motivi di spazio molti elementi importanti necessari per realizzare un sito altamente professionale. Per quanto Joomla! possa, come molti altri CMS, rendere semplice a chiunque realizzare un portale internet non può sopperire alle conoscenze che sono necessarie per realizzare un lavoro altamente professionale e di sicuro successo. Se non siete interessati a intraprendere come professione la realizzazione di applicazioni Web e quindi di approfondire ogni aspetto, consiglio di abbandonare il "**fai da te**" e di rivolgersi a dei professionisti: soprattutto quando **in gioco è l'immagine della vostra azienda**.

Un Sito Web è come un'altra sede della vostra attività, deve rispettare diverse normative pena multe salate, dare un'immagine corretta e essere di supporto ai vostri clienti, ma soprattutto attirarne di nuovi. Affidarsi all'improvvisazione, al figlio dell'amico, allo studente universitario può rilevarsi molto pericoloso. Anche molte aziende di fama nazionale che si dedicano principalmente ai cataloghi cartacei propongono Siti Web aziendali che sono spesso un danno e non una risorsa per le aziende che si affidano al rombante venditore e al grande apparato commerciale, unico aspetto curato di determinate società, che poi cedono a terzi il lavoro, spesso operatori non solo senza basi informatiche, ma nemmeno linguistiche essendo extracomunitari, chiamati a riempire solo dei cambi in un programma che genera siti fotocopia in pochi minuti.

Quando in gioco c'è un'attività, che sia grande o piccola, è bene valutare con estrema cura a chi ci si rivolge. Per questo è consigliabile **visionare con attenzione e cura il portfolio** delle aziende a cui ci si rivolge, se questo è assente, occultato, nascosto, diffidate. Il portfolio è la raccolta dei lavori eseguiti che dimostra chiaramente le competenze e abilità che una **Web Agency** ha nel portare a termine gli incarichi ricevuti. Dal portfolio è possibile comprendere anche la cura che l'azienda ripone verso i propri clienti e il loro grado di soddisfazione, la presenza di lavori abbandonati e non curati è un dato negativo. Sempre tramite il portfolio è possibile entrare in contatto con chi si è già affidato a una determinata azienda, ottenendo così un importante riscontro.

Realizzare un Sito Web non è dunque un'impresa semplice indipendentemente dalla tecnologia usata. Le guide per il CMS che ho visionato, siano esse disponibili in libreria o scaricabili gratuitamente, arrivano ad affermare: "Non occorrono conoscenze specifiche, ma solo un po' di curiosità e voglia di imparare ...". Nulla di più falso, a meno che che l'intenzione non sia realizzare un proprio sito personale ed imparare una professione sudando parecchio su manuali e guide varie per diversi anni. Quando si  cercano però, delle guide da lasciare ai propri clienti per spiegare loro come amministrare il proprio portale internet ed essere indipendenti nell'utilizzo del proprio sito s'incontra il deserto: le guide per creare un sito in Joomla! trascurano tutta la gestione, quelle poche che affrontano come gestire i contenuti sono spesso carenti e superficiali.

Ecco perché è nata l'esigenza di questa guida: a pochi interessa come realizzare un elaboratore di testi come Word, a molti interessa come realizzare un documento in modo professionale e corretto attraverso un determinato applicativo.

Quando un Sito Web dinamico, soprattutto se realizzato con un CMS avanzato come Joomla! è stato completato è a tutti gli effetti un applicativo Web che risponde a una determinata esigenza operativa, è quindi necessario contare su una guida che spieghi come utilizzare al meglio lo strumento software a nostra disposizione per pubblicare e gestire le comunicazioni Web.

Accessibilità dei sistemi Informatici

La legge n. 4 del 9 gennaio 2004, comunemente chiamata "Legge Stanca", definisce i soggetti che devono garantire l'accessibilità dei propri siti e sistemi informatici, per garantirne il completo accesso anche a tutti coloro che necessitano di tecnologie assistive. Successivamente il decreto ministeriale dell'8 luglio 2005 definisce i 22 requisiti che i siti devono rispettare per ritenersi accessibili. Ad osservare la legge devono essere principalmente le pubbliche amministrazioni, gli enti pubblici economici, le aziende private concessionarie di servizi pubblici, gli enti di assistenza e di riabilitazione pubblici, le aziende di trasporto e di telecomunicazione a prevalente partecipazione di capitale pubblico, le aziende municipalizzate regionali e le aziende appaltatrici di servizi informatici.

I 22 requisiti elencati in quanto mirano all'accessibilità e fruizione dei servizi informatici sono una linea guida utile anche ai soggetti non interessati dalla legge. Con l'avvento della rete delle reti, il dibattito sull'usabilità, accessibilità e fruibilità dell'informazione si è fatto sempre più presente, rendendo necessario da subito creare standard e soluzioni alternative ai formati proprietari. Spesso accedendo ai siti dell'amministrazione pubblica ci si imbatte nel mancato rispetto della stessa normativa, non solo nel caso di portali internet di vecchia fattura mai aggiornati, ma anche nei nuovi lavori, malgrado i medesimi siano stati creati nel rispetto della normativa vigente, spesso i documenti che è possibile scaricare sono stati creati da programmi proprietari e non convertiti in formati aperti, limitando così l'accessibilità e la fruizione dei servizi erogati. Questo succede per la mancata formazione del personale incaricato nella creazione e distribuzione dei documenti che l'amministrazione pubblica o l'azienda privata diffonde tramite internet.

Un file di Microsoft Works costringe ad usare il medesimo programma di Microsoft per leggerlo, in alternativa si possono usare convertitori che rendono il file .wps leggibile con Microsoft Word Viewer o leggibile e modificabile con Word. Costringere l'utente ad installare un software proprietario (spesso a pagamento) è una pessima idea, soprattutto considerando che solo pochi utenti sono in grado di comprendere il motivo per il quale quel file non si apre e quindi d'intervenire per renderlo fruibile. Il problema si complica in presenza di sistemi operativi diversi da Windows come Unix, Gnu/Linux in questo caso solo utenti esperti potranno in qualche modo leggere il file .wps. Spesso le cose sono anche più complesse, formati proprietari creati con programmi professionali sconosciuti a chi non è del settore con estensioni sconosciute e scarsamente documentate che rendono impossibile aprire il documento senza il programma specifico che l'ha generato. Quando si manda un allegato via email o si inserisce il medesimo sul proprio sito internet è bene sapere quali formati sono da utilizzare e quali no.

A sorpresa in questi formati non troviamo i famosi .DOC, .DOCX generati dal famoso Microsoft Word, ma formati meno conosciuti.

Per i documenti e presentazioni i formati aperti sono nell'ordine:

- **TXT** testo semplice privo di formattazione, scarsamente usato per distribuire documenti, si rivela utilissimo per esportare database e fogli elettronici. Per questo motivo appannaggio di utenti esperti e specifici utilizzi.

- Il formato OpenDocument (**ODF**), è un formato aperto per file di documento per l'archiviazione e lo scambio di documenti per la produttività di ufficio come documenti di testo (memo, rapporti e libri), fogli di calcolo, diagrammi e presentazioni. OpenDocument è stato adottato da diversi produttori, primo fra tutti Openoffice.org (e la sua variante a pagamento StarOffice di Sun Microsystem). Microsoft con il suo prodotto Office non supporta in modo nativo il formato OpenDocument per scelte puramente di mercato un vero abuso di posizione dominante, ma è possibile installare "Sun ODF Plugin per Microsoft Office" che permette di leggere, modificare e salvare in ODF i propri documenti creati con la suite di Microsoft.

- **RTF** (documenti di testo, creato da Microsoft) un formato datato, nasce nel 1987, con tutti i suoi limiti è attualmente supportato da tutti gli editor di testo. RTF permette di mantenere la formattazione e tutte le immagini presenti in un documento, ma non include macro. Dal momento che le macro possono contenere dei virus, risulta il formato più sicuro per l'invio di allegati in posta elettronica.

- Di gran lunga il formato più usato in internet e non solo è il Portable Document Format, comunemente abbreviato **PDF**, è un formato di file basato su un linguaggio di descrizione di pagina sviluppato da Adobe Systems nel 1993 per rappresentare documenti in modo indipendente dall'hardware e dal software utilizzati per generarli o per visualizzarli. È un formato aperto, nel senso che chiunque può creare applicazioni che leggono e scrivono file PDF senza pagare i diritti (Royalty) alla Adobe Systems. Adobe ha un numero elevato di brevetti relativamente al formato PDF ma le licenze associate non includono il pagamento di diritti per la creazione di programmi associati. Il PDF eredita molte funzionalità da PostScript (PS) sempre sviluppato da Adobe Systems oggi scarsamente usato.

Per le immagini i formati liberi sono i seguenti:

- **JPEG** è l'acronimo di Joint Photographic Experts Group, un comitato ISO/CCITT che ha definito il primo standard internazionale di compressione per immagini a tono continuo, sia a livelli di grigio che a colori. È un formato gratuito e open-source. Attualmente JPEG è lo standard di compressione delle immagini fotografiche più utilizzato. Le estensioni più comuni per questo formato sono .jpeg, .jpg, .jfif, .JPG, .JPE, anche se il più comune in tutte le piattaforme è .jpg.

- Portable Network Graphics (abbreviato **PNG**) è un formato di file per memorizzare immagini. L'ideazione del **PNG** avvenne in seguito all'introduzione del pagamento di royalties dell'allora popolarissimo e usatissimo formato GIF. Infatti nel 1994 i detentori del brevetto decisero improvvisamente di chiedere un pagamento per ogni programma che utilizzasse il loro formato. La risposta della comunità è stata la creazione di un nuovo formato che non solo sostituisse il formato proprietario, ma ne superasse le limitazioni tecniche. Il formato PNG a differenza del GIF che è limitato a 256 colori può memorizzare immagini in colori reali, introducendo un canale dedicato per la trasparenza (canale alfa). Esiste anche un formato derivato MNG, che è simile al GIF animato.

- **SVG** è il formato aperto gestito dal W3C per la grafica vettoriale. La maggior parte dei prodotti software per disegnare come Adobe Illustrator e Corel Draw nelle versioni più recenti sono in grado di esportare immagini descritte in SVG. Anche il pacchetto Draw della OpenOffice.org dalla versione 1.1 può esportare file SVG. Due programmi di grafica vettoriale open source e multipiattaforma che usano in maniera nativa il formato SVG sono Inkscape e Sodipodi.

Altri formati liberi sono:

- **ZIP** è un formato di compressione dei dati molto diffuso e 7z , relativamente nuovo, è il formato predefinito degli archivi compressi generati con il programma 7-Zip che permette di ottenere un rapporto di compressione molto alto, comparabile con quello di altri diffusi formati ad alta efficienza, come RAR (che usa un algoritmo proprietario) e che anzi risulta anche più efficiente in certi casi.

- **Ogg** è un contenitore multimediale libero , le specifiche del formato sono di pubblico dominio. Le librerie di riferimento per la codifica e decodifica sono rilasciate sotto licenza BSD. Gli strumenti ufficiali per la gestione del container sono rilasciati sotto GNU General Public License (GPL). Il nome "Ogg" si riferisce al formato di file, che include un numero di codec indipendenti per il video, l'audio ed il testo (ad esempio, per i sottotitoli). I file con l'estensione ".ogg" possono contenere uno qualsiasi dei formati supportati, e poiché il formato è liberamente implementabile, i vari codec ogg sono stati incorporati in molti riproduttori multimediali, sia proprietari, sia liberi.

Per formati liberi dunque si intendono quelle "estensioni" che hanno ricevuto una **certificazione a standard** o che sono ritenuti tali, che hanno una documentazione completa e accessibili a tutti gratuitamente, che possono essere utilizzati, modificabili, distribuibili gratuitamente e liberamente da tutti in quanto non coperti anche parzialmente da brevetti o da licenze che ne limitino l'uso. Soprattutto che non siano protetti da protezioni di sicurezza la cui violazione sarebbe un'azione illegale per il EUCD (European Union CopyrightDirective, direttiva 2001/29/CE) e il DMCA americano.

E' consigliabile utilizzare formati aperti per i documenti che andrete a scambiare con i vostri clienti e collaboratori in Internet.

Dieci consigli per un Portale di successo

La rete è piena di guide su come aumentare le visite al proprio Sito Web, di come migliorarlo offrendo consigli e formule magiche per ottenere secchiate di utenti con il minimo sforzo. Mi dispiace deludevi non esistono trucchi magici per avere un Sito Internet di successo, certo è possibile ottenere tramite alcune operazioni migliaia di visite, ma rischiando d'essere bannati (esclusi/espulsi) dai motori di ricerca e soprattutto non ottenendo nulla in quanto quelle visite sono ottenute con l'inganno, non sono reali analogamente a quelle ottenute con i circuiti per lo scambio di visite o recensioni. Vediamo come incrementare veramente il successo del nostro sito Web:

1. Produrre e pubblicare contenuti di qualità, scritti attraverso la nostra competenza dell'argomento trattato. Creatività e originalità devono essere alla base di ogni nostro scritto evitiamo di affrontare argomenti che non conosciamo bene senza prima una ricerca e studio approfondito dei medesimi. Non copiamo da altri, i contenuti duplicati sono scarsamente indicizzati.

2. I contenuti devono essere fruibili in modo semplice: la struttura del sito deve mettere i medesimi al centro e in evidenza evitando di coprirli con informazioni non inerenti e ogni possibile gadget per la piattaforma che stiamo usando. Evitare e limitare il più possibile animazioni e effetti speciali fini a se stessi. Non avviare in automatico contenuti audio o video, lasciare che sia il visitatore a decidere se ascoltarli o meno. Il Web è un punto d'incontro delle tecnologie dell'informazione proprio per questo non si deve mai perdere le regole dell'usabilità e il buon senso. Un sito pulito e calibrato da l'idea di professionalità e serietà, dando maggiore credibilità ai suoi contenuti. La semplicità paga!

3. Non scrivere contenuti FAKE (falsi/ingannevoli) allo solo scopo di attrarre visite dai motori di ricerca, non fare SPAM su forum e Social Network spreca questo tempo per migliorare il punto 1.

4. L'ottimizzazione SEO deve essere costante, non esistono trucchi, le guide serie sono poche e i motori di ricerca si evolvono costantemente, è importate rispettare le basi senza strafare usando un po' d'intuito acquisito con l'esperienza e gli strumenti che google ci mette a disposizione. Meta Tag, indirizzi URL sono ancora importanti ai fini di una corretta indicizzazione, il più importate di tutti rimane il TAG TITLE. L'iscrizione alle directory è importante, ma non perdeteci troppo tempo da soli è difficile superare PR4 (dopo la rivalutazione di Google), mai e poi mai usare strumenti automatici per segnalare il vostro sito Web, soprattutto iscriversi nelle categorie affini agli argomenti da voi trattati. Al posto di cercare trucchi investite il tempo nel punto 1. Se i contenuti sono di qualità e interessanti saranno gli internauti a segnalare il vostro sito, solamente così di può arrivare a superare PR4. Il PR non è tutto, ma ha ancora molta importanza.

5. Gli aggregatori di notizie sono buoni canali a patto che li usiate di persona evitando strumenti automatici. Per il resto meglio investire il tempo al punto 1 e saranno i vostri visitatori a spargere il vostro articolo con relativo link per la rete al posto vostro, rendete l'operazione più semplice possibile e invitate gli utenti a farlo.

6. Le Newsletter sono molto utili, ma vanno usate con moderazione per inviare contenuti in linea con quelli per i quali avete ricevuto l'autorizzazione dai vostri utenti. La legge sulla privacy è molto complessa e spesso poco chiara, raccogliendo indirizzi email e dati dei vostri utenti dovreste adeguarvi agli obblighi di legge.

7. Forum, Mailing-list e commenti agli articoli sono armi a doppio taglio, se i visitatori sono pochi anche i post lo saranno, se il sito è di successo i commenti diventano ingestibili. Soprattutto ricordatevi che siete responsabili anche per quello che pubblicano gli altri sul vostro Sito Internet. Detto questo sono validi strumenti per create una piccola comunità se è nel vostro interesse farlo.

8. Il blogger non è un giornalista! Esiste il reato di stampa clandestina che è pari ad una condanna pecuniaria di circa 250 euro, più spese legali. Non pensate di essere al sicuro dietro l'Art 21 della costituzione di cui consiglio una lettura integrale e non solo della parte che gira tra Blogger. Il reato non è un problema ci invita solo ad essere più cauti ricordandoci che non siamo giornalisti e il nostro blog non è un giornale. Il fatto è che il giornalista gode del c.d. diritto di cronaca. In base a ciò ha la possibilità di divulgare anche notizie lesive dell'onore, qualora ricorrano tre condizioni giustamente restrittive: utilità sociale dell'informazione; verità oggettiva o anche solo putativa (ossia ritenuta tale dal giornalista), purché frutto di diligente lavoro di ricerca; forma civile dell'esposizione dei fatti e della loro valutazione, che non ecceda lo scopo informativo da conseguire e che sia improntata a leale chiarezza, evitando forme di offesa indiretta (c.d. continenza). La cronaca sostanzialmente è un'esposizione obiettiva di fatti allo scopo di fare informazione. Il Blogger non gode dei diritti di un giornalista, e anche riportando fatti veri e provati, si può incorrere in una condanna per diffamazione.

9. Come il punto 8, esiste un altro problema che arriva, col successo del vostro Sito Web. Il diritto d'autore retaggio dei tempi di Johann Gutenberg, ma valido anche oggi (tutela anche i vostri lavori) è un argomento complesso e articolato che si perde in un mare di normative e si complica con una marea di licenze che la comunità ha messo a disposizione per aggirare in parte l'ostacolo. Il "così fan tutti" e il "non lo sapevo" non sono motivazioni valide, è vero che tutti noi prendiamo fotografie e video dal web e le integriamo nel nostro Sito Web senza farci troppi problemi, ma è anche vero che questo non è legale. Spesso ci facciamo ingannare dal concetto FAIR USE, che è valido solo per gli americani essendo una clausola legislativa presente nel Copyright Act, la legge sul copyright statunitense la clausola che stabilisce la lecita citazione non autorizzata o l'incorporazione di materiale protetto da copyright nell'opera di un altro autore, sottostando ad alcune elementari regole. Peccato che non sia valido per l'Italia e per l'Unione Europea, quindi almeno che non siate residenti in USA e che il vostro Sito Internet non sia ospitato su server USA il FAIR USE è illegale. Il problema si pone ovviamente solo se il punto 1 è stato eseguito alla perfezione e il Sito Web ha successo. Di consuetudine (non per legge) si viene avvertiti di rimuovere il contenuto in violazione e la faccenda si risolve senza conseguenze, ma se postate materiale come: foto di modelle, gossip o immagini sportive il rischio che vi venga richiesto un risarcimento diviene elevato. Anche le foto che sono vostre e ritraggono persone dovrebbero essere autorizzate dalle medesime e se minorenni dai genitori o da chi ne fa le veci. Attenti alle agenzie di stampa AGI e ANSA sono mastini evitateli come la peste, il loro materiale scotta, vivono vendendo notizie ai media e non amano chi le ruba senza pagare i diritti.

10. Il punti veramente importanti sono 1 e il 2, in quanto se il messaggio è scadente non importa il canale usato e i mezzi per promuoverlo, il risultato che si ottiene sarà scarso. Soprattutto ricordate non esistono trucchi, non esistono scorciatoie, né guide magiche. C'è solo costanza, impegno e sudore... e non fissatevi con le visite non sono nulla se fini a se stesse, sapere leggere le statistiche è utile al punto 4 e al punto 1 in quanto vi fanno capire il gradimento dei vostri lettori. Il numero di visite non dice nulla e la qualità delle stesse che rende il vostro Sito Web di successo. Se puntate al numero di visitatori per impressionare amici e parenti, allora avete solo sprecato del tempo leggendo questa guida, un servizio di scambio visite è quello che cercate, ne avrete a migliaia senza nessun sforzo, senza che i visitatori leggano e interagiscano con i contenuti. **Usarli però è come truccare il contachilometri dell'auto, invece di elaborare la vettura. Avrete solo l'illusione di andare più veloci.**

Legge N. 88/2009 ART. 42

Una nuova normativa europea introduce nuovi obblighi, in relazione alla comunicazione, in particolare nel web. Riguarda in particolare le società di capitali, si tratta dell'art.42 Legge n.88/2009, che in relazione alle modifiche dell'art.2250 del Codice Civile, le stesse società devono pubblicare sul proprio sito web:

1. Oltre la partita iva la sede sociale, deve comparire l'ufficio del registro delle imprese presso il quale la società è iscritta e il numero di iscrizione

2. Il capitale sociale indicandone la somma effettivamente versata e il capitale esistente dall'ultimo bilancio.

3. Se la società è in liquidazione, questo deve apparire.

4. In caso di Spa o di Srl se il socio è unico.

Questo non riguarda solo i siti web, ma tutto ciò che è immagine in rete da parte delle società, dai social network ai blog, e tutti i media elettronici che forniscono pubblicità e visibilità. Il mancato adempimento alla normativa, comporta una salata multa.

Art. 42. Disposizioni in materia di recepimento della direttiva 2003/58/CE del Parlamento europeo e del Consiglio, del 15 luglio 2003, che modifica la direttiva 68/151/CEE del Consiglio per quanto riguarda i requisiti di pubblicità di taluni tipi di Società)

1. All'articolo 2250 del codice civile, dopo il quarto comma sono aggiunti i seguenti: «Gli atti delle società costituite secondo uno dei tipi regolati nei capi V, VI e VII del presente titolo, per i quali e` obbligatoria l'iscrizione o il deposito, possono essere altresì pubblicati in apposita sezione del registro delle imprese in altra lingua ufficiale delle Comunità europee, con traduzione giurata di un esperto. In caso di discordanza con gli atti pubblicati in lingua italiana, quelli pubblicati in altra lingua ai sensi del quinto comma non possono essere opposti ai terzi, ma questi possono avvalersene, salvo che la Società dimostri che essi erano a conoscenza della loro versione in lingua italiana. Le Società di cui al quinto comma che dispongono di uno spazio elettronico destinato alla comunicazione collegato ad una rete telematica ad accesso pubblico forniscono, attraverso tale mezzo, tutte le informazioni di cui al primo, secondo, terzo e quarto comma».

2. All'articolo 2630, primo comma, del codice civile, dopo le parole: «registro delle imprese» sono inserite le seguenti: «, ovvero omette di fornire negli atti, nella corrispondenza e nella rete telematica le informazioni prescritte dall'articolo 2250, primo, secondo, terzo e quarto comma,».

Art. 2250(1) Indicazione negli atti e nella corrispondenza:

[1] Negli atti e nella corrispondenza delle società soggette all'obbligo dell'iscrizione nel registro delle imprese devono essere indicati la sede della società e l'ufficio del registro delle imprese presso il quale questa è iscritta e il numero d'iscrizione. [2] Il capitale delle società per azioni, in accomandita per azioni e a responsabilità limitata deve essere negli atti e nella corrispondenza indicato secondo la somma effettivamente versata e quale risulta esistente dall'ultimo bilancio.

[3] Dopo lo scioglimento delle società previste dal primo comma dev'essere espressamente indicato negli atti e nella corrispondenza che la società è in liquidazione.
[4] Negli atti e nella corrispondenza delle società per azioni ed a responsabilità limitata deve essere indicato se queste hanno un unico socio (2).

(1) Così modif. dall'art. 1 D.P.R. 29 dicembre 1969, n. 1127 (G.U. 10 febbraio 1970, n. 35).
(2) Comma aggiunto dall'art. 2 del D.Lgs. 3 marzo 1993, n. 88. - Le parole «per azioni ed» sono state inserite dall'art. 6.3, d.lg. 6 febbraio 2004, n. 37. - Comma aggiunto dall'art. 2, d.lg. 3 marzo 1993, n. 88.

Dunque queste informazioni vanno riportate per esempio in:

- fatture

- contratti

- lettere

- email

- sito intenet

Nel dettaglio gli obblighi per ogni tipo di società:

Dati Obbligatori	Società di persone (Ss, Snc e Sas)	Società di capitali (Spa, Sapa e Srl)
Sede della società	SI	SI
L'ufficio del Registro delle Imprese dove la società è iscritta	SI	SI
Il numero di iscrizione presso il Registro delle Imprese (coincide con codice fiscale)	SI	SI
Il numero R.E.A.	SI	SI
Lo stato di liquidazione a seguito dello scioglimento della società	SI	SI
Il capitale sociale versato e quello che risulta esistente all'ultimo bilancio approvato	NO	SI
Eventuale sussistenza di un socio unico (società unipersonale)	NO	SI per Spa e Srl

E' prevista una sanzione **da € 206 ad € 2.065** per le aziende che omettono i dati nella propria comunicazione.

Perché i Siti Web si sviluppano in Verticale?

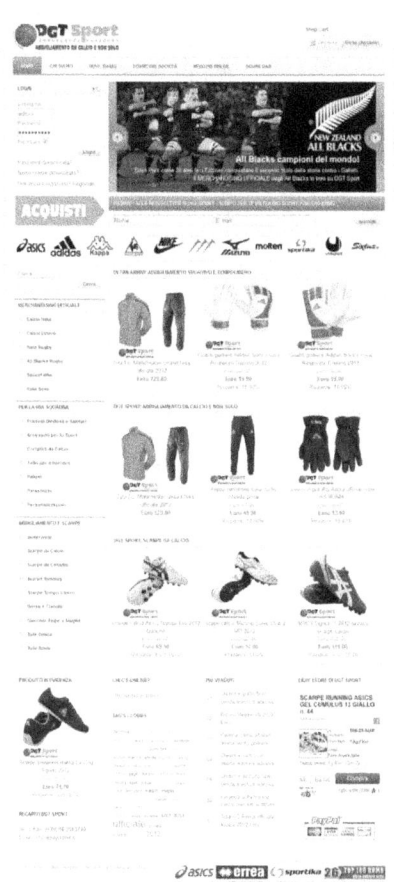

E' un argomento che chi sviluppa applicazioni Web si sente rivolgere spesso e in modo confuso dai clienti: il sito è troppo lungo, non si può mettere in una sola pagina? Principalmente nasce dalla difficoltà di comprendere le differenze che ci sono tra il Web e altri media, soprattutto con la carta stampata. Parlare di risoluzioni video è come esprimersi in aramaico antico, spiegare il motivo per il quale non si sfrutta tutta la larghezza disponibile e si scende invece verso il basso è molto complesso.

Quasi si voglia partecipare a un consumo smisurato della "rotellina" del mouse, in un gesto che è ormai consuetudine e soprattutto naturale. Ho trovato durante svariate docenze più difficile spiegare il doppio click del mouse e il tasto destro del medesimo a chi non ha mai usato un PC che non a scorrere le pagine tramite lo scroll wheel del mouse, in quanto è un comportamento istintivo e naturale.

Si possono trovare anche opinioni autorevoli che affermino che sia sbagliato dal punto dell'usabilità sviluppare il sito in lunghezza, nel libro Web Usability 2.0 di Jacob Nielsen e Hoa Laranger edito da Apogeo si afferma infatti che gli utenti non scrollano la pagina. In realtà per quante correzioni siano state apportate al primo libro dagli autori rimane un errore di fondo molto grave: gli autori analizzano la navigazione effettuando test su soggetti volontari a cui viene affidato un compito. Non affiancando lo studio ad osservazioni indirette e a una buona Web Analytics.

Eppure quando ci si trova a sviluppare un sito web per un cliente che ha familiarità con la carta stampata, spesso nello studio della struttura viene a mancare da parte del cliente lo sforzo d'astrazione necessario a capire le differenze tra un volantino, rivista o libro e un portale web. Richieste per menù enormi, ridondanti, ripetitivi con eccessiva frammentazione del contenuto quasi che per trovare un argomento si debba consultare uno schedario alfanumerico. Pagine che si vorrebbero corte una sola schermata (senza preoccuparsi della risoluzione video) quasi a volerle sfogliare come fossero un libro o addirittura un elenco telefonico. Infatti, il cliente tende a vedere il proprio sito come un catalogo cartaceo, pensando a una struttura che ne rifletta tutti i difetti e limiti.

Una strutta Web che occupi una sola schermata non è di difficile implementazione, ma è una layout datata e ormai abbandonata per i suoi limiti, soprattutto in quanto presenta varie problematiche che rendono un sito web difficile da navigare e soggetto nel breve periodo d'utilizzo a un progressivo disordine nei contenuti.

Premessa: Web Usability

La web usability è un approccio della progettazione per rendere i siti web facili da usare per l'utente finale, senza richiedere all'utente di sottostare a una formazione specifica. L'utente deve essere in grado di mettere in relazione in modo intuitivo le azioni che ha bisogno di compiere nella pagina web con altre interazioni che svolge fisicamente nella vita quotidiana, come ad esempio premere un pulsante per ottenere un'azione. L'obiettivo principale della web usability è in sintesi:

- Presentare l'informazione all'utente in modo chiaro e conciso

- Offrire all'utente le scelte corrette, in una maniera che risulti ovvia

- Eliminare ogni ambiguità relativa alle conseguenze di un'azione (es. fare clic su cancella/rimuovi/compra)

- Mettere la cosa più importante nella posizione giusta della pagina web o dell'applicazione web.

Oltre vent'anni di sinergie tra varie discipline: dall'informatica alle scienze cognitive hanno portato all'attuale struttura dei portali Internet. Nella navigazione gli utenti tendono a seguire automatismi e operazioni familiari, una struttura che risulti inutilmente complessa o fuori standard risulta scartata con l'abbandono immediato da parte degli utenti sia inesperti che esperti del portale. Con la diffusione di Facebook e altri Social Network gli utenti hanno preso familiarità con le strutture tipiche della seconda era di Internet e di fatto i principali portali sia esteri che italiani si sono adeguati ai nuovi standard.

Regola dei 3 Click!

Il passaggio dallo standard CRT (quelli con tubo catodico, pesanti e ingombranti) dei monitor ai nuovi schermi a LED (quelli piatti) ha aumentato la dimensione dei monitor passando rapidamente dai 15" ad oltre i 24". Si è passati dunque, da una risoluzione di 800x600 dei vecchi CRT da 14" ad una di 1920x1080. L'area disponibile al desktop è praticamente più che raddoppiata e attualmente tutti i siti Web sono progettati per essere visti a una risoluzione minima orizzontale di 1024 pixel, con l'introduzione sul mercato di Netbook 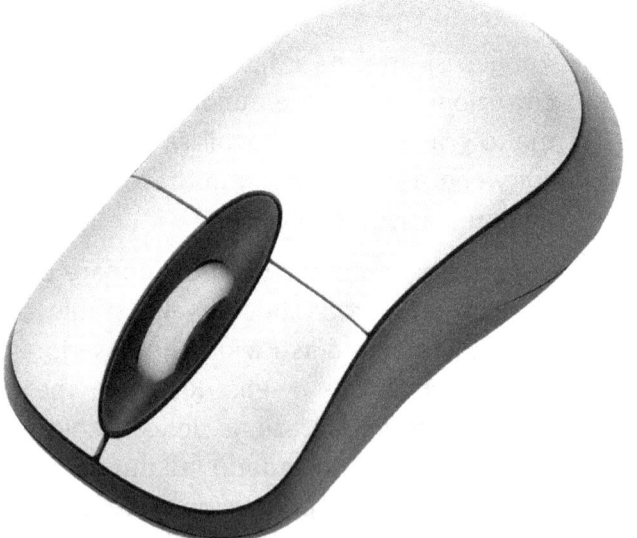 e Pad tale valore rimarrà invariato ancora a lungo. Eccedere le dimensioni di larghezza oltre i 1024 pixel comporta su molti dispositivi portatili o vecchi computer la comparsa di un odiosa barra orizzontale oltre a quella classica verticale. Per questo motivo si tende a sviluppare un portale internet in lunghezza: la barra verticale è facilmente gestibile con la "rotellina" del Mouse ed è un'esperienza alla quale gli utenti sono abituati, una barra orizzontale è vista raramente e difficile di conseguenza da gestire.

Libri e riviste si sfogliano il web si naviga

Il Web e Internet hanno cambiato il modo di leggere e di accedere all'informazione: una maggiore interattività, ricerche veloci e precise attraverso algoritmi semantici sempre più evoluti, hanno fatto dimenticare velocemente indici ed elenchi alfanumerici a favore di una struttura che è fortemente relazionale e non più come nella carta stampata fortemente gerarchica.

L'accesso all'informazione si è fatto più rapido, ma anche più superficiale, le nuove generazioni nate con il Web non trovano difficoltà alcuna nella lettura a video dei contenuti, anzi ottengono da essa una maggiore resa in termini di comprensione del testo.

Anche chi non è più giovane e non è solito alla lettura non trova difficoltà nell'accesso alle informazioni contenute in Internet. Diversamente chi si è abituato alla lettura di libri, giornali e riviste (una fetta minoritaria della popolazione) si trova disorientato inizialmente in quanto è abituato a reperire le informazioni accedendo in modo rigidamente sequenziale e gerarchico alle medesime, che non è il modo più semplice, né quello più corretto, ma dettato unicamente dalla fisicità e rigidità della carta stampata.

Un articolo di un giornale non può espandersi con un click, non può richiamare un articolo presente su un numero precedente al suo interno, non può modificarsi e adattarsi alle richieste in modo dinamico, rimane rigido e racchiuso nei limiti fisici del supporto sul quale è stato stampato.

Questa difficoltà è purtroppo oggi difficilmente colmabile, apprendere è semplice, correggere ciò che si è appreso è molto più difficile. Con il tempo e un accesso costante alla rete, con le novità introdotte dal Web 2.0 anche chi trova queste difficoltà comunque può velocemente trarre tutti i vantaggi da Internet certamente stamperà spesso i contenuti per poi leggerli in modo tradizionale.

Strutturare un portale internet in modo sequenziale e gerarchico come fosse un libro, è come invertire il pedale dell'acceleratore con il freno in un autoveicolo. Chi non ha mai guidato non imparerà o lo farà in modo errato (in gli altri veicoli sono progettati in modo diverso), chi già sa guidare invece ...

Il Pannello di amministrazione

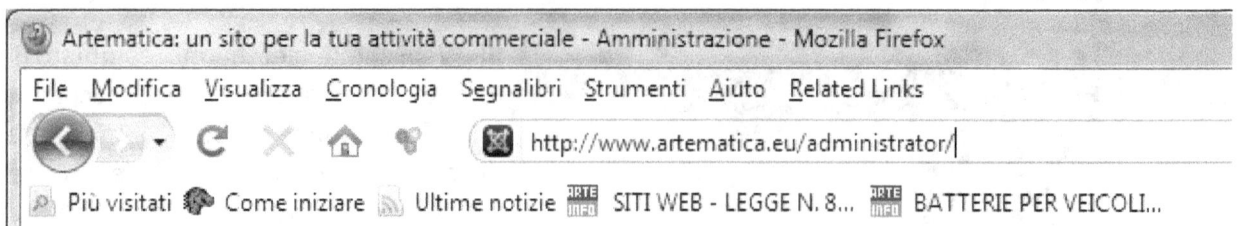

Per accedere al pannello di amministrazione è necessario digitare l'indirizzo principale seguito da **/administrator/** per esempio: http://www.artematica.eu/administrator

Andando a inserire il nome utente e la password che c'è stata fornita da chi ha realizzato il portale. E' molto utile mantenere una scheda del nostro Browser posizionata in amministrazione (Back-end) di Joomla! e un'altra scheda sulla pagina principale del nostro sito (Front-end), per visualizzare velocemente il risultato delle modifiche apportate.

L'apposito pulsante "**Anteprima**" posizionato in alto a destra ci aiuta ad aprire una nuova scheda del browser dove viene mostrato il sito come appare ai visitatori.

Organizzazione dei contenuti

Sul nostro portale possiamo notare un infinità di testi inseriti in diverse posizioni, catalogati in sezioni e categorie che sono accessibili in diversi modi.

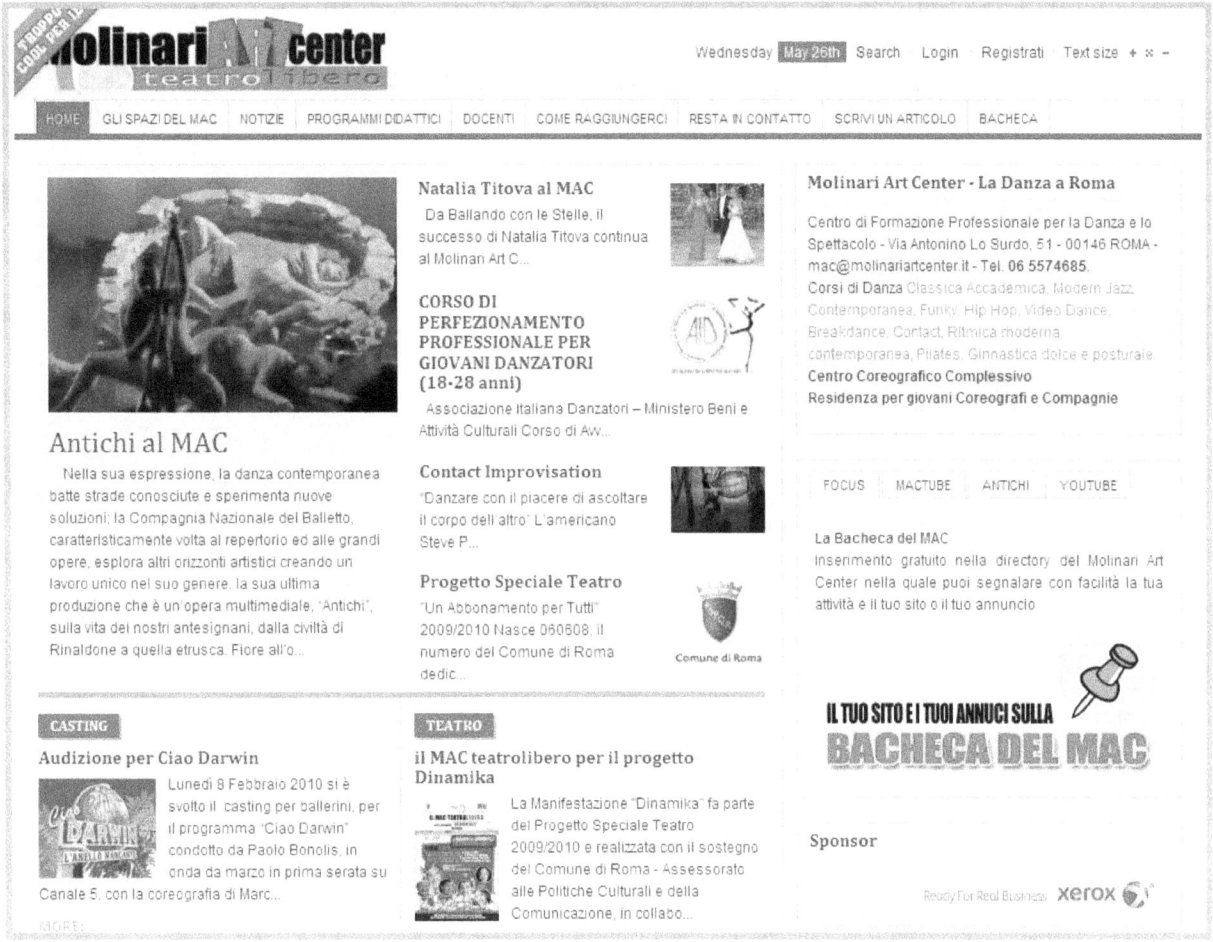

I contenuti che appartengono a determinate sezioni o categorie prendono il nome di Articoli. Si possono creare illimitate sezioni che conterranno una o infinite categorie che a loro volta conterranno illimitati articoli. Durante la creazione del sito sono state create le sezioni e categorie necessarie e associate le medesime alle relative voci di menu.

La gestione dei contenuti (sezioni, categorie e articoli) avviene attraverso l'apposita voce del menu di amministrazione: **Contenuti.**

Creare un nuovo articolo

Un operazione che si compie spesso durante la gestione del proprio portale è l'aggiunta di nuovi contenuti. Un operazione relativamente semplice per la quale andremo a selezionare dal menu di amministrazione la voce: **Contenuti > Gestione articoli**.

Nella schermate di gestione articoli facciamo un click sulla voce "Nuovo" in alto a destra per accedere a form per la creazione dell'articolo.

È necessario inserire il "Titolo", selezionare la sezione e la categoria di appartenenza; se non è presente una sezione o una categoria adatta a questo contenuto è possibile selezionare "Nessuna categoria". Per inserire il contenuto, è necessario posizionare il cursore all'interno dell'Editor e scrivere il contenuto, sia esso semplice testo o arricchito da immagini e link esterni. L'Editor offre molte altre funzionalità che sono simili a quelle dei più noti programmi di elaborazione testi. Terminato l'inserimento del contenuto è necessario premere sul tasto "Salva" in alto a destra. L'articolo è ora salvato e ci viene mostrato nell'elenco degli articoli presenti. Da questo elenco è possibile tornare a modificare l'articolo premendo sul titolo, oppure variare lo stato dell'articolo, da pubblicato (quindi visibile dal nostro sito - Front-end) a non pubblicato (quindi non visibile da Front-end ma ancora presente in Back-end), mentre dalla colonna "Prima pagina" è possibile pubblicare il nostro articolo direttamente nella Homepage del sito.

Titolo	Artematica: un sito per la tua attività o		Pubblicato	No ● SI		ID articolo:	90
Alias			Prima pagina	No ● SI		Stato	Pubblicato
Sezione	Informazioni ▼		Categoria	Creatività ▼		Visite	22 Resetta
						Revisioni	4 volte
						Creazione	Venerdì 14 Maggio 2010 23:25

La prima operazione da eseguire è l'inserimento del titolo dell'articolo, nella relativa voce "**Titolo**". Lasciare la voce "**Alias**" vuota ci penserà Joomla! a completarla in fase di salvataggio. Impostare la voce "**Pubblicato**" su "SI", mentre la voce "**Prima Pagina**" va impostata su "SI" esclusivamente se volete sia pubblicata in Home. Selezionare la **Sezione** e la **Categoria** dove inserire l'articolo, tale operazione influisce sulla posizione in cui sarà visibile a seconda delle impostazioni effettuate durante la creazione del portale.

Nota: alcune configurazioni di Joomla! Possono non avere una home standard quindi tale operazione non produce nessun esito.

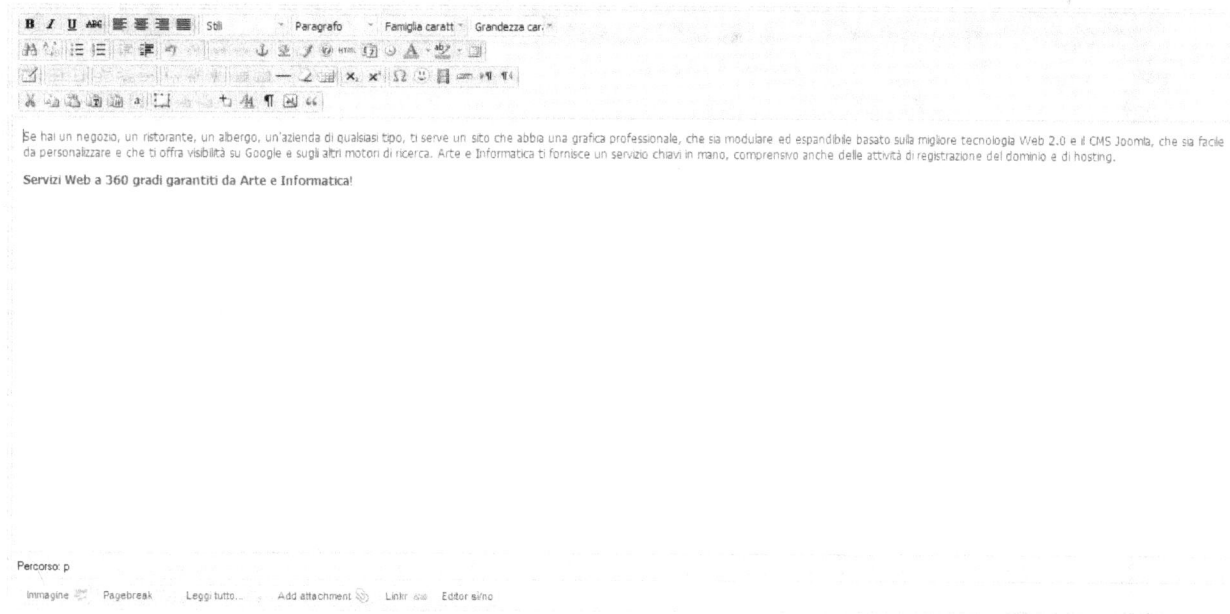

Se hai un negozio, un ristorante, un albergo, un'azienda di qualsiasi tipo, ti serve un sito che abbia una grafica professionale, che sia modulare ed espandibile basato sulla migliore tecnologia Web 2.0 e il CMS Joomla, che sia facile da personalizzare e che ti offra visibilità su Google e sugli altri motori di ricerca. Arte e Informatica ti fornisce un servizio chiavi in mano, comprensivo anche delle attività di registrazione del dominio e di hosting.

Servizi Web a 360 gradi garantiti da Arte e Informatica!

Percorso: p

Immagine   Pagebreak   Leggi tutto...   Add attachment   Linkr   Editor si/no

Inseriamo il testo nell'apposito riquadro dell'Editor come se lavorassimo con un programma quale OpenOffice Writer o Word.

Inserire un'immagine

Per inserire un'immagine all'articolo clicchiamo in basso a sinistra sul pulsante "**Immagine**" e si aprirà la finestra di dialogo dove sarà possibile selezionare un'immagine già caricata selezionandola e cliccando su "**Inserisci**" o caricarne una dal nostro computer.

Per caricare l'immagine dal proprio PC cliccare sulla voce "**Sfoglia**" della finestra di dialogo e poi, una volta selezionata cliccare sulla voce "**Inizio caricamento**", selezionare ora l'immagine e cliccare su "**Inserisci**".

E' importante ridimensionare l'immagine con programma di grafica quale GIMP o Photoshop prima di effettuare l'upload, non solo per rendere l'operazione più rapida (rendendo più leggero il file), ma anche per non incidere in modo negativo sul caricamento del Sito Web da parte degli utenti.

Impostazioni e modifica delle immagini

L'immagine sarà quindi inserita all'interno dell'Editor, è possibile decidere l'aspetto e la posizione all'interno del testo.

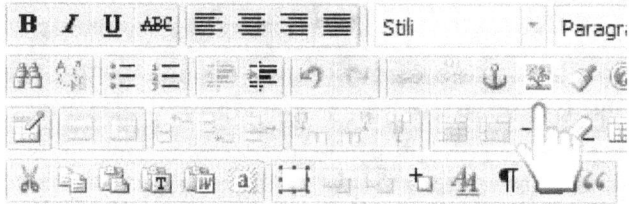

Selezionare l'immagine con il mouse e cliccare sull'apposita icona nell'Editor, per aprire la finestra di dialogo relativa.

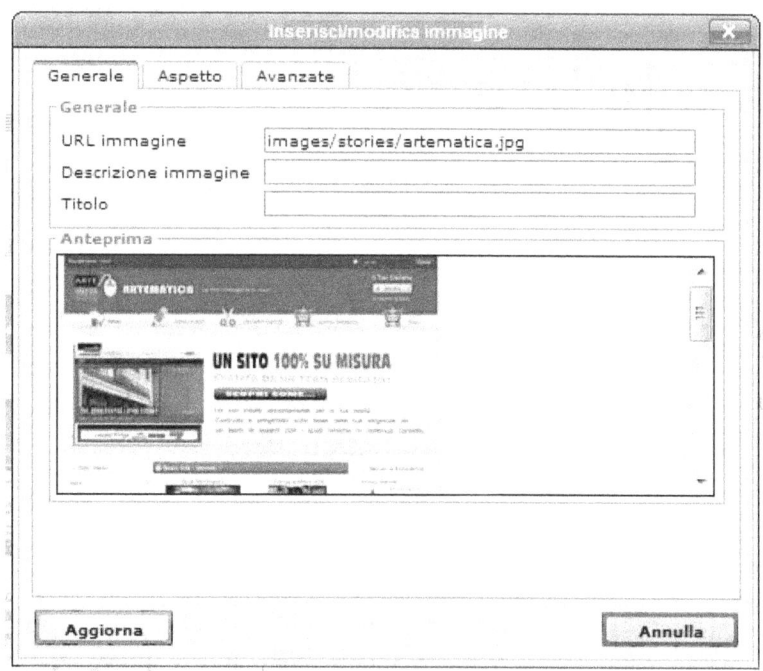

Nella scheda "**Generale**" della finestra di dialogo "**inserisci/modifica immagine**" è consigliato inserire la **descrizione** e il **titolo** dell'immagine, tale operazione spesso trascurata è molto utile per i motori di ricerca. Nella scheda relativa alla voce "**Aspetto**" è possibile decidere l'allineamento dell'immagine, le sue dimensioni, la spaziatura dal testo e le dimensioni dal bordo.

Nota: è importante che le immagini caricate siano ottimizzate per il Web e che siano già nella misura che andremo a utilizzare nell'articolo. Se nell'articolo utilizziamo un'immagine che è di 200x200px e ne andiamo a caricare una da 3000x3000px andando a ridimensionarla operando nella scheda "**Aspetto**" o con il mouse direttamente nell'Editor non sarà in realtà ridotta, ma semplicemente ridimensionata andando a incidere pesantemente sulle prestazioni del sito.

Copiare i testi da Word

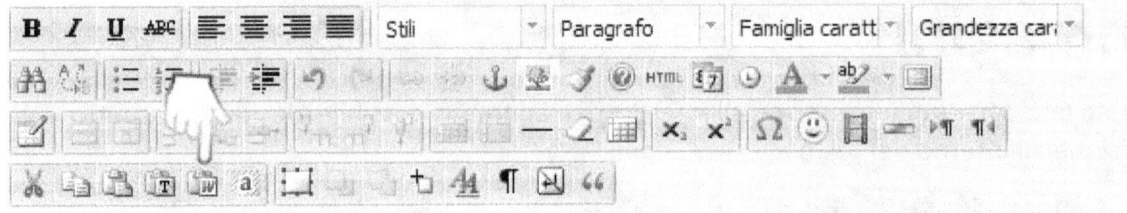

Capita spesso che si debba copiare il testo dell'articolo direttamente da un documento Word o Writer se si copiasse il testo direttamente nell'area dell'Editor con esso si andrebbero a inserire molte informazioni aggiuntive e inutili che possono creare diversi problemi nella visualizzazione del sito. Per evitare che questo accada è bene usare l'apposito filtro messo a disposizione dall'Editor, il suo funzionamento è semplice basta incollare il testo copiato da Word nella finestra di dialogo "**Incolla da Word**" e cliccare poi su "Inserisci". Il testo sarà inserito mantenendo parte della formattazione originaria ed escludendo tutte quelle formattazioni e informazioni aggiuntive che creerebbero svariati problemi.

Copiare solo il testo

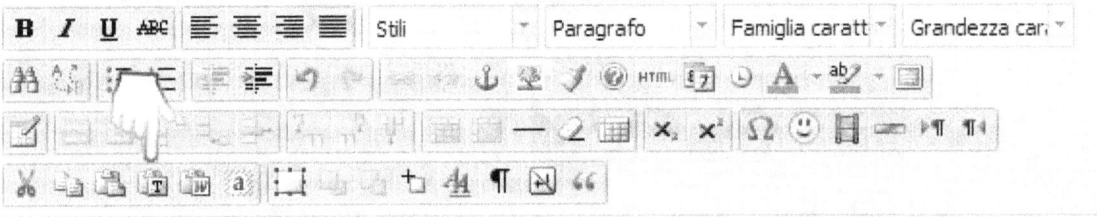

E' possibile copiare solamente il testo escludendo qualsiasi formattazione proveniente dalla fonte originale come documenti PDF, Word e altri siti Web.

Disabilitando la voce "**Mantieni interruzioni di riga**" il testo sarà inserito privo delle interruzioni, questa funzione è particolarmente comoda quando si copia il testo da un documento PDF posto su più colonne o generato da programmi quali QuarkXpress o Adobe InDesign. Il testo inserito con le interruzioni andrebbe a capo seguendo le impostazioni del testo originale costringendo ad eliminare manualmente ogni invio di troppo. Inserendolo senza interruzioni attraverso il filtro dell'Editor invece, basterà poi inserire le interruzioni di riga solo dove sono veramente necessarie.

Un testo ben formattato

Anche se è possibile attraverso l'Editor formattare il testo con diversi caratteri, diverse grandezze e diversi colori è bene non eccedere in questa attività. Il Template impostato sul vostro portale gestisce la formattazione al posto vostro mantenendo uniformità e ordine nelle varie parti del sito dando un'immagine professionale ai vostri contenuti. Impostare dimensioni e caratteri diversi in fornisce un aspetto carnevalesco: immaginate un libro o una rivista che cambia ad ogni pagina la propria formattazione avrebbe un aspetto poco professionale e molto grottesco.

Il Web è vasto accedono utenti che provengono da varie parti del mondo, con sistemi che sono differenti tra loro. Se impostate un carattere che non è presente sul PC di chi visita il vostro sito, questo sarà sostituito con un altro carattere che il suo sistema ritiene più indicato, compromettendo tutta la formattazione impostata e quindi tutta la vostra fantasia e creatività nel trovare i caratteri più simpatici e belli tra quelli in vostro possesso.

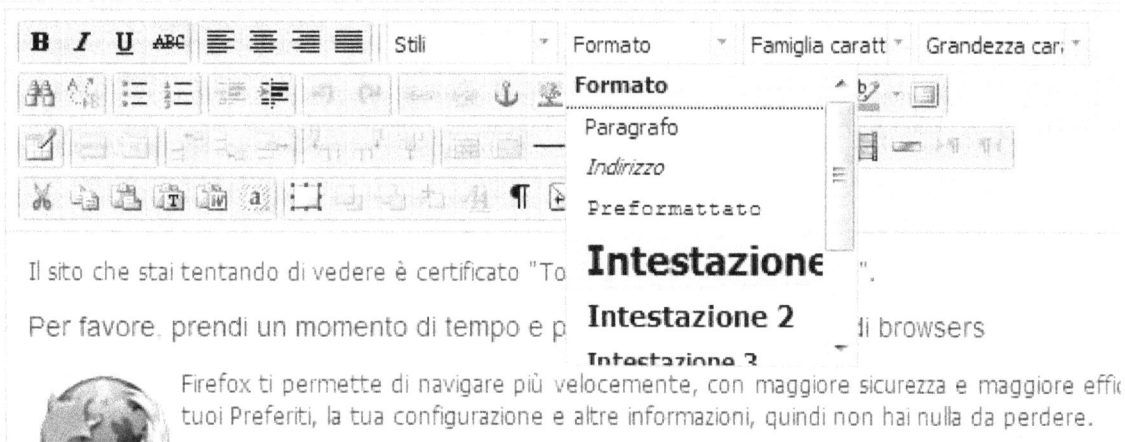

Per non impostare caratteri errati, è bene operare esclusivamente con la voce: "**Formato**" dell'Editor per cambiare la dimensione del testo e lasciare il compito di come visualizzarlo al Template.

Il pulsante "Leggi Tutto"

Spesso è necessario visualizzare solo un introduzione dell'articolo, soprattutto quando questo appare in home o viene visualizzato da un menu "Aspetto Categoria Blog o Sezione". E' possibile inserire in qualsiasi punto dell'artico un'interruzione posizionando si con il mouse dove si vuole interrompente il testo e cliccando sulla voce "Leggi tutto" in basso a sinistra dopo "Immagine" e "Pagebreak".

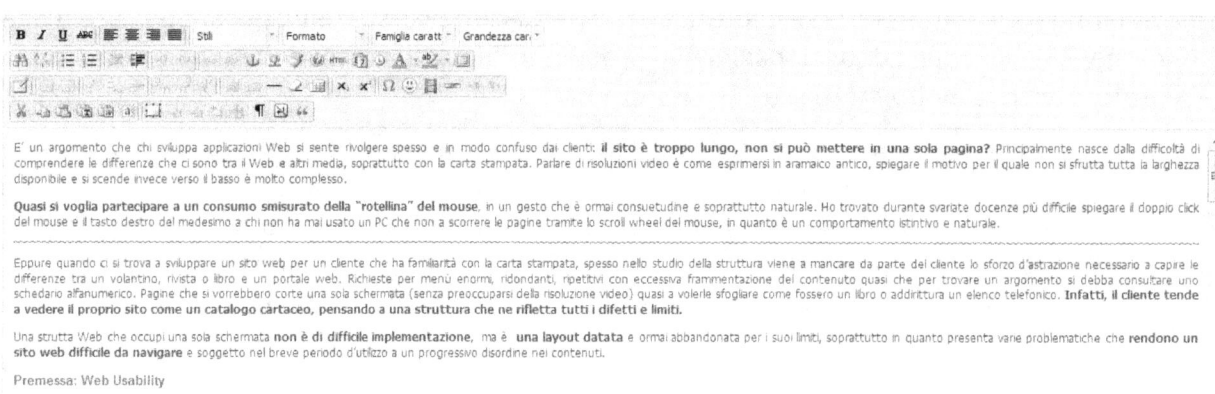

Nell'Editor apparirà una linea rossa che sarà il punto in cui Joomla interromperà la visualizzazione del testo.

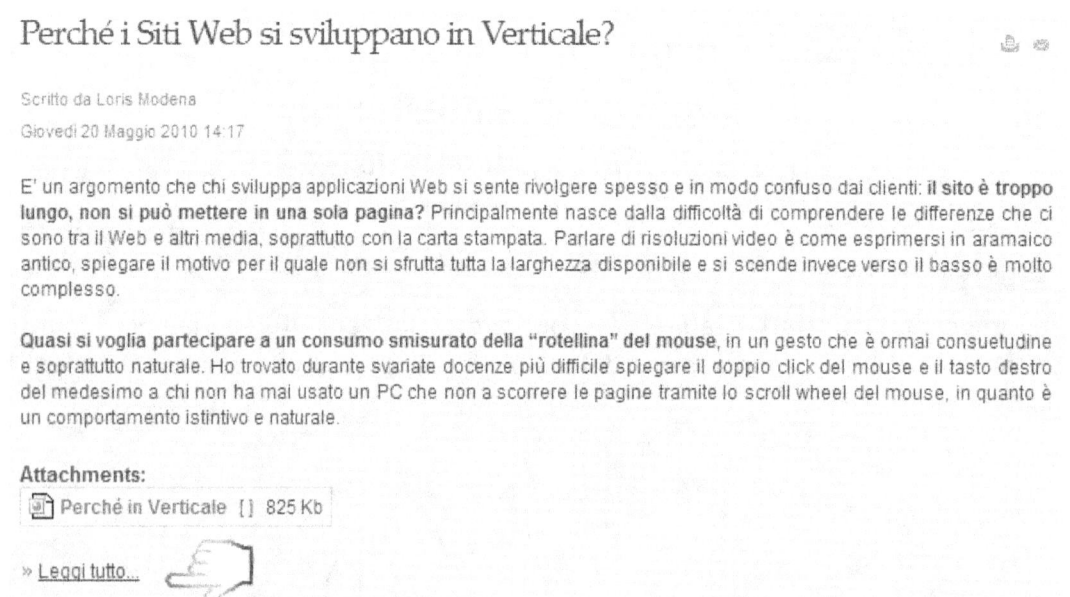

L'articolo nella visualizzazione Blog viene mostrato con il testo fino alla linea rossa presente nell'Editor dando la possibilità di leggere il resto cliccano su "Leggi tutto"

Disporre l'articolo su più pagine

E' possibile scrivere articoli molto lunghi e disporli su più pagine. Il funzionamento è molto simile al pulsante "Leggi tutto"

Per inserire un'interruzione di pagina ci postiamo nel punto dove vogliamo che questa sia divisa, e clicchiamo sul pulsante "Pagebreak". Verrà aperta una finestra in cui possiamo inserire il titolo della pagina nel campo "Titolo pagina" ed il titolo che questa pagina assume all'interno dell'indice dei contenuti, nel campo "Tabella dei contenuti" se questa è attiva.

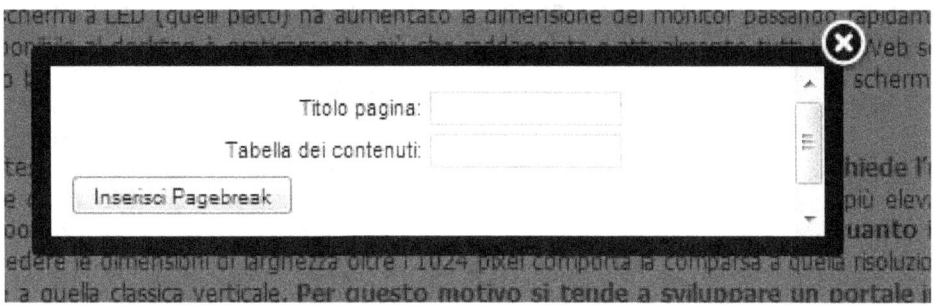

Nell'Editor appare una linea grigia dove viene interrotta la pagina, possiamo inserire più interruzioni aumentando il numero di pagine in cui è suddiviso l'articolo.

Perché i Siti Web si sviluppano in Verticale?

Scritto da Loris Modena

Giovedì 20 Maggio 2010 14:17

Pagina 1 di 3

E' un argomento che chi sviluppa applicazioni Web si sente rivolgere spesso e in modo confuso dai clienti: **il sito è troppo lungo, non si può mettere in una sola pagina?** Principalmente nasce dalla difficoltà di comprendere le differenze che ci sono tra il Web e altri media, soprattutto con la carta stampata. Parlare di risoluzioni video è come esprimersi in aramaico antico, spiegare il motivo per il quale non si sfrutta tutta la larghezza disponibile e si scende invece verso il basso è molto complesso.

In testa all'articolo appare il numero di pagine (Pagina 1 di 3) e se attivo l'indice.

> Tale struttura risulterebbe chiara solo a chi ci lavora, gli utenti si troverebbero spiazzati. Non ultimo renderebbe difficile la navigazione da parte di software di supporto ai diversamente abili.

<< Inizio < Prec. 1 2 3 Succ. > Fine >>

In fondo all'articolo appare lo strumento di navigazione tra le pagine.

Parametri dell'Articolo

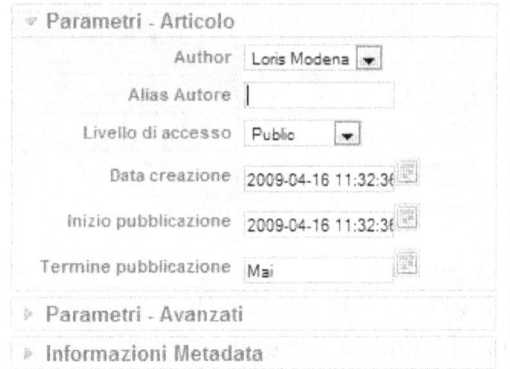

Modificare l'autore: selezionando un autore dal menù a tendina "**Author**" è possibile associare un autore diverso dall'utente che si sta usando in amministrazione. Questo utente deve essere registrato al sito e appartenere al gruppo: **Special**. In alternativa se l'autore dell'articolo non fa parte di questo gruppo di utenti è possibile indicare un "**Alias Autore**" che sarà indicato quale autore dell'articolo.

Data di creazione: è possibile indicare una data antecedente e successiva di creazione dell'artico, utile sia per inserire vecchi articoli mantenendo l'ordine cronologico corretto, sia per la gestione di eventi.

Posticipare la pubblicazione: Agendo sui parametri dell'articolo è possibile posticipare la pubblicazione di un articolo, cambiando la data presente alla voce "**Inizio pubblicazione**" l'articolo sarà pubblicato in automatico alla data prestabilita.

Termine di pubblicazione: è possibile inserire una data oltre la quale l'articolo non sarà più pubblicato.

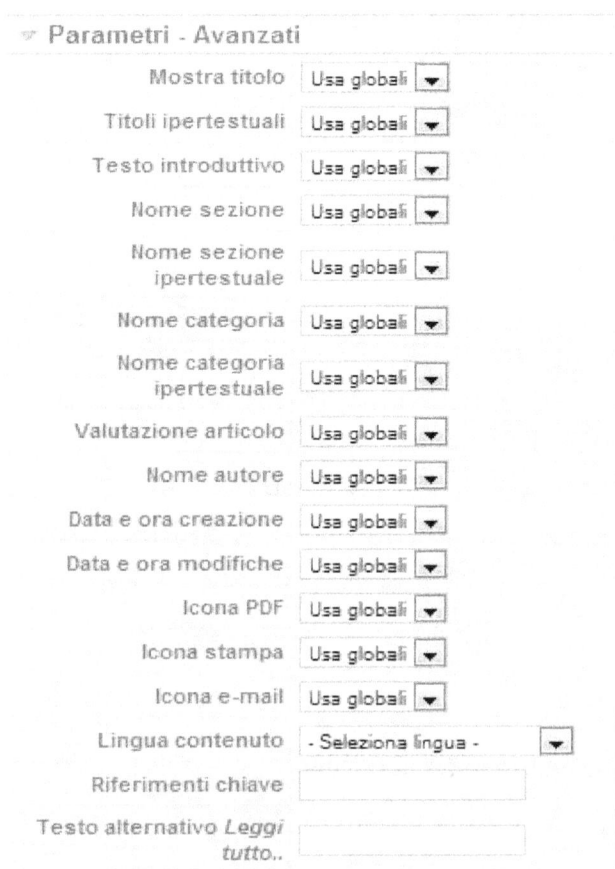

In **Parametri Avanzati** è possibile modificare le **impostazioni Globali** relative agli articoli decidendo cosa sia visibile e cosa non lo sia indipendentemente dalle medesime e relativamente all'articolo che si sta editando.

Agendo ad esempio sulla voce: **Nome autore** è possibile decidere che venga nascosto o mostrato nella visualizzazione dell'articolo.

Agendo sulle singole voci si potrà dunque decidere cosa visualizzare, lasciando le voci su "**Usa globali**" saranno visibili o non visibili a seconda delle configurazioni globali configurate.

Ogni modifica apportata alla configurazione globale anche successiva, non ha effetti per le voci modificare nell'articolo.

Informazioni Metadata

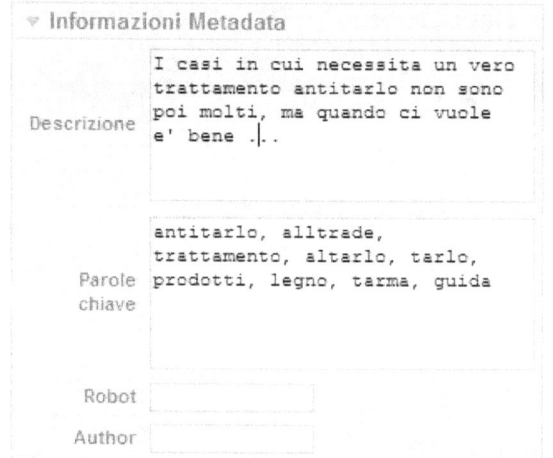

Le informazioni Metadata sono spesso trascurate durante l'inserimento degli articoli, per quando oggi molti non le considerino più essenziali, ma hanno ancora la loro importanza sia per come sarà visualizzato l'articolo nel motore di ricerca sia per una buona ottimizzazione SEO: piccoli particolari che uniti fanno una grande differenza. Le parole chiave hanno una loro rilevanza soprattutto se abbiamo attivi sul nostro portale gli articoli correlati o se vogliamo visualizzare i Banner in base al contenuto.

E' consigliato inserire per ogni articolo la **Descrizione** che deve essere breve e sintetica non più di una ventina di parole e le **Parole chiave** che abbiano una buona key density e rilevanza nell'articolo che stiamo editando. Anche in questo caso è importante non esagerare, una decina di parole chiave sono più che sufficienti oltre otterrete l'effetto contrario.

Applicare e salvare le modifiche

 Articolo: [Modifica]

Durante l'inserimento dell'articolo o la sua modifica è bene cliccare più volte sul pulsante "**Applica**". L'articolo sarà salvato con le relative modifiche senza uscire dall'Editor di modifica o inserimento dell'articolo. Questa funzione è utile per non perdere il lavoro eseguito a causa di un problema di connessione, lo spegnimento del PC o più semplicemente la sessione scaduta. Joomla! Infatti disconnette l'utente dal pannello di amministrazione dopo un certo numero di minuti di inattività solitamente dopo 15 minuti (il tempo è stabilito dall'amministratore in configurazione Globale) costringendo a un nuovo login se non abbiamo salvato tutto il nostro lavoro andrà perduto. Questa impostazione è molto utile ai fini della sicurezza, ma quando editiamo il nostro articolo inserendo testo e immagini, il sistema non si accorge che stiamo lavorando e ci considera inattivi. Cliccando su "**Applica**" salviamo le modifiche apportate e resettiamo il timer impedendo che scada al sessione di lavoro. E' possibile chiudere l'articolo senza salvare il lavoro eseguito cliccando sulla voce "**Chiudi**". Una volta terminato il lavoro cliccando su "Salva" chiuderemo la sessione di modifica o inserimento salvando tutto il lavoro eseguito. L'Anteprima dell'Editor è praticamente inutile, per vedere le modifiche è necessario aprire una nuova finestra o scheda del Browser (anche con l'Anteprima del pannello di controllo) e visionare l'articolo all'interno del sito web, questo perché è il Template a decidere l'aspetto reale del nostro articolo.

Modificare un articolo

La modifica di un articolo è molto semplice selezioniamo: **Contenuti > Gestione Articoli**

Viene visualizzato l'elenco degli articoli presenti, è sufficiente selezionare l'articolo e cliccare sulla voce "Modifica" oppure cliccare sul titolo del articolo per aprire l'Editor e operare le modifiche che riteniamo più opportune. E' possibile anche spostare l'articolo in un'altra categoria o sezione del portale.

Copiare un articolo

E' possibile copiare un articolo, questa operazione è particolarmente utile quando dobbiamo creare un nuovo articolo partendo da un articolo antecedente. Per copiare un articolo basta selezionarlo in **Contenuti > Gestione Articoli** e poi cliccare sulla voce "**Copia**".

Appare una finestra di dialogo che ci permette di indicare in quale sezione e categoria inserire la copia dell'articolo. Non resta che cliccare su "Salva" e passare alla modifica dell'articolo per poi pubblicarlo. **Si possono copiare contemporaneamente più articoli**.

Note: E' possibile, anche se sconsigliato, copiare l'articolo per farlo apparire in due sezioni o due categorie diverse del portale, tale operazione però crea un duplicato che è indigesto ai motori di ricerca con possibile penalizzazione nell'indicizzazione.

Spostare un articolo

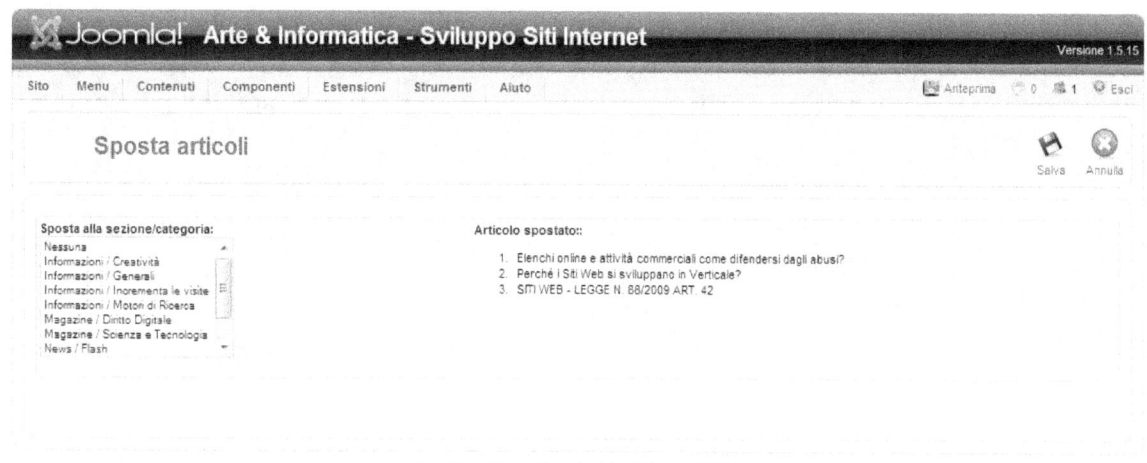

E' possibile spostare un articolo anche aprendolo in modifica, ma se dobbiamo postare di sezione e categoria un gruppo di articoli possiamo selezionarli in **Contenuti > Gestione Articoli** e cliccare sulla voce "**Sposta**". Apparirà una finestra di dialogo che presenta gli articoli selezionati e ci permette di spostarli selezionando la sezione/categoria relativa, cliccando su "**Salva**" confermiamo lo spostamento.

Sospendere o pubblicare un articolo

E' possibile sospendere o pubblicare di uno o più articoli selezionando i medesimi in **Contenuti > Gestione Articoli** e cliccando sulla voce "**Sospendi**" o "**Pubblica**".

E' possibile in alternativa cliccare sull'icona presente nella colonna "Pubblicato" per cambiarne lo stato da pubblicato a sospeso e viceversa.

Cestinare ed eliminare un articolo

E' possibile cancellare un articolo selezionandolo e cliccando sulla voce "**Cestina**" che sposterà l'articolo nel cestino. Un articolo cestinato non sarà più visibile in **Gestione Articoli**. Per eliminare definitivamente un articolo si deve "Svuotare il Cestino" andando in **Contenuti > Cestino Articoli**

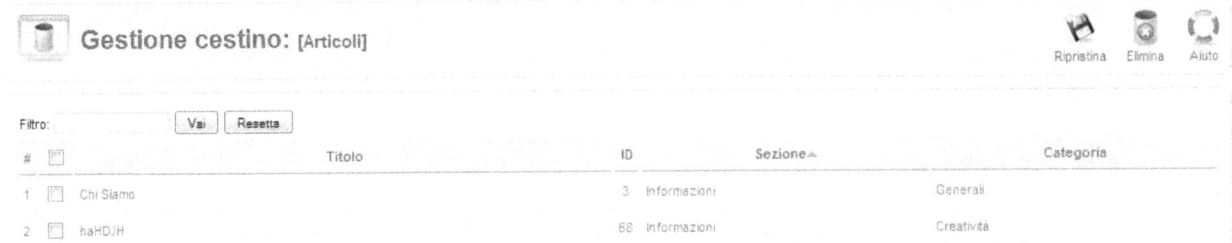

E' possibile eliminare l'articolo in modo definitivo selezionandolo e cliccando sulla voce "**Elimina**".

Viene chiesta la conferma dell'operazione cliccando nuovamente su "**Elimina**" l'articolo sarà definitivamente cancellato senza possibilità di recuperarlo. Selezionando invece la voce "**Ripristina**" l'articolo tornerà in Gestione Articoli.

Trovare un articolo

Filtro per titolo o ID

E' possibile filtrare l'elenco degli articoli scrivendo parte del titolo o il suo ID. E' possibile inoltre, filtrare l'elenco in base alla Sezione, Categoria, Autore e/o Stato di Pubblicazione.

Filtro. In alto a sinistra sopra le colonne c'è il campo di ricerca come mostrato in figura:

Quando gli articoli sono molti non è facile trovare l'articolo che ci interessa. Scrivendo parte del titolo o un ID e cliccando sul pulsante 'Vai' vengono visualizzati tutti gli articoli che corrispondono ai criteri di ricerca. E' possibile la parola intera o solo parte di esse. Per esempio, "**Sito**" corrisponderà a tutti i titoli con all'interno la parola "**Sito**".

Filtro per Sezione, Categoria, Autore o Stato di Pubblicazione

In alto a destra, sopra le colonne, ci sono quattro menu a tendina come mostrato in figura:

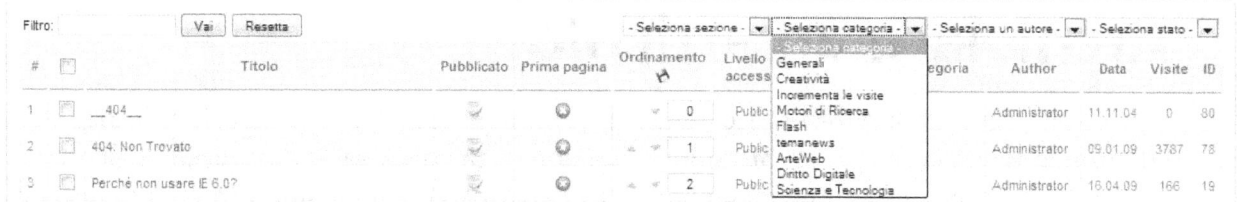

La selezione può essere combinata. Verranno elencati solo gli elementi corrispondenti ad entrambe le selezioni.

- **Seleziona Sezione.** Usare il menu a tendina per selezionare la categoria desiderata.

- **Seleziona Categoria.** Usare il menu a tendina per selezionare la categoria desiderata.

- **Seleziona un autore.** Usare il menu a tendina per selezionare gli articoli di un autore.

- **Seleziona Stato.** Scegliere lo stato di pubblicazione : Pubblicato, Sospeso o Archiviato.

Utilizzare gli stili del Template

Molti Templates professionali per Joomla! Presentano un insieme di stili aggiuntivi che possono essere usati modificando direttamente l'HTML dell'articolo. Per effettuare questa operazione è necessario conoscere le basi del linguaggio HTML e gli Styles presenti nel Template che stiamo usando.

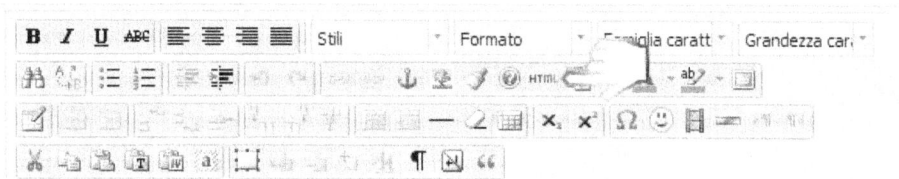

Per eseguire queste modifiche bisogna visualizzare il codice HTML relativo all'articolo cliccando sulla voce HTML dell'Editor per poi modificare direttamente il codice che viene visualizzato nell'apposita finestra di dialogo. Per esempio il codice HTML <div class="*important*"><span class="*important-title*">*Titolo*</span>*...contenuto...*</div> **nel Template Iridium di RocketTheme visualizza il testo come nella seguente figura.**

Il Ce.S.Ar. Centro Studi Archeometrici - Associazione per le ricerche Archeometriche

Il Ce.S.Ar. è stato costituito a Milano nel 1989 da Roberto Piazza e Marina Barbara Fortunat per diffondere e ufficializzare i risultati ottenuti, dopo un lungo lavoro di ricerca sul campo, in merito ai manufatti in metallo prezioso. Negli ultimi anni il Ce.S.Ar. ha trasferito la sua sede a Roma sotto la presidenza di Fabio Romano Moroni, che ne ha promosso lo sviluppo nella forma allargata associativa estesa a tutto il settore dei Beni Culturali, Ambientali e ai Preziosi. Leggi tutto...

Archiviare un articolo

E' possibile cancellare gli articoli o renderli non pubblicati, ma questa azione è bene sia l'eccezione e non la regola. I motori di ricerca una volta che si saranno cancellati gli articoli terranno per diversi giorni ancora un link all'articolo che genererà, se cliccato da un utente, un errore 404, inoltre eventuali altri portali che abbiano ritenuto l'articolo interessante e abbiano inserito come fonte o come link in un loro articolo non lo troveranno più e lo rimuoveranno. **Cancellare gli articoli o rimuoverne la pubblicazione solo perché inerenti ad eventi passati o troppo vecchi genera un insieme di effetti negativi che vanno dalla perdita di un grande numero di visite a una diminuzione del PR relativo al portale.** E' bene dunque evitare tale operazione, ed usare invece l'archiviazione offerta da Joomla!.

Per archiviare un articolo è sufficiente andare in **Contenuti > Gestione articoli**

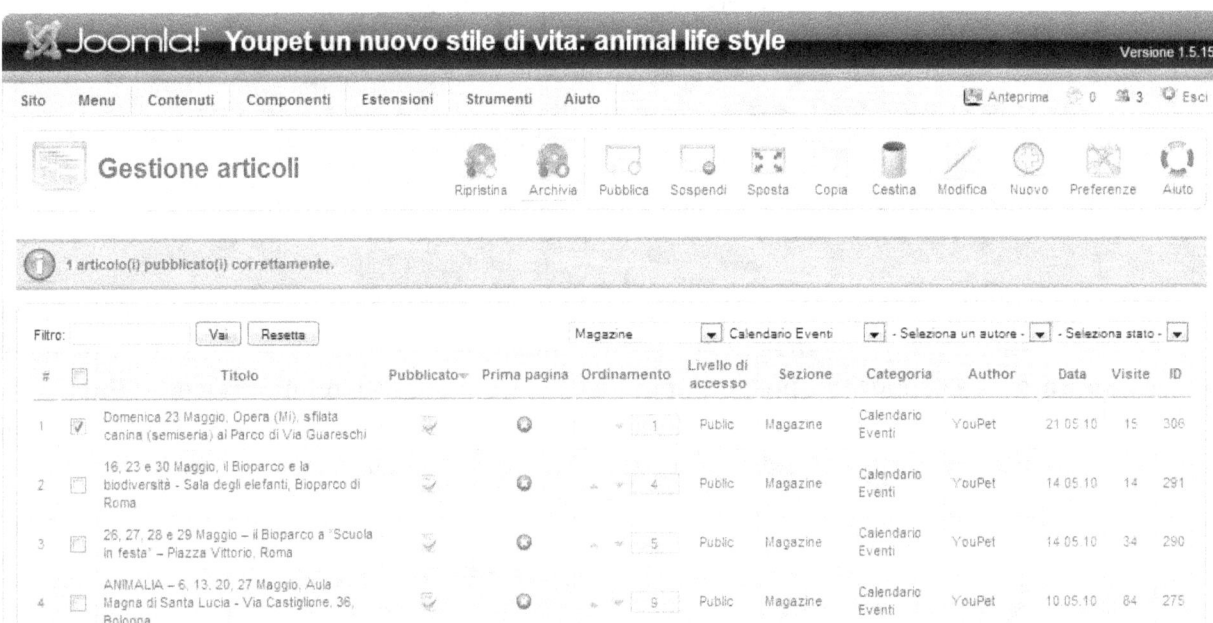

Selezionare l'articolo o gli articoli che si intendono archiviare e cliccare sulla voce **Archivia**, l'articolo viene archiviato, ma da un articolo cancellato, rimane raggiungibile tramite il suo vecchio URL in questo modo non si perdono le visite generate dall'articolo. E' possibile ripristinare l'articolo cliccando sulla voce: "**Ripristina**" una volta selezionato.

Gestione prima pagina

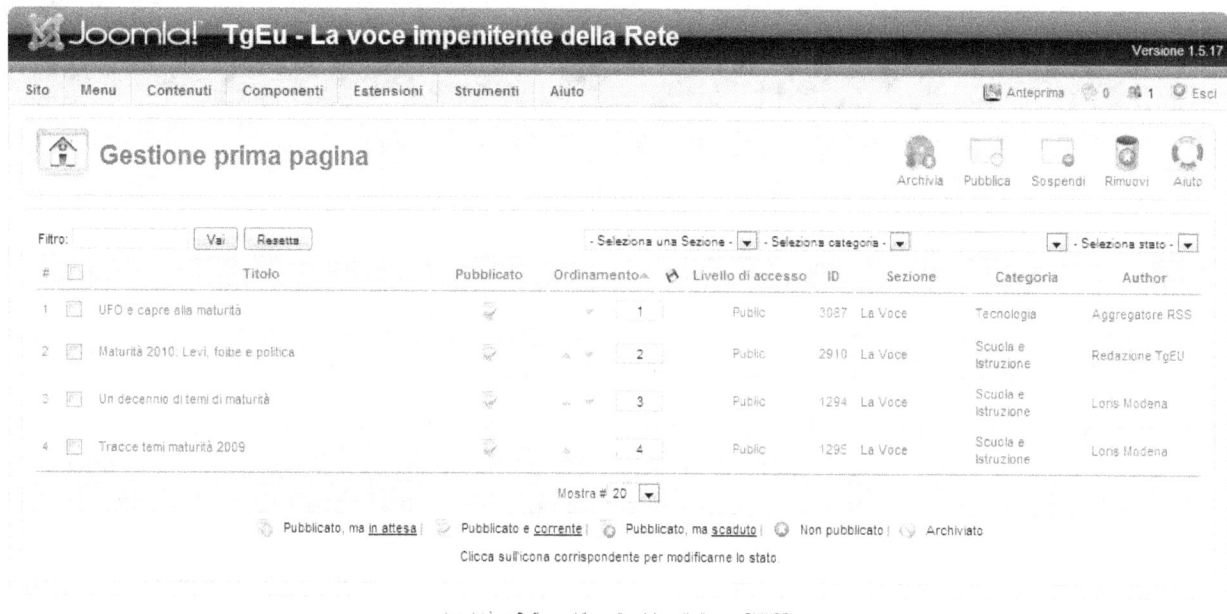

Andando in **Contenuti > Gestione prima pagina** è possibile vedere quali articoli sono pubblicati in genere nella home del nostro sito, tale situazione è la più diffusa, ma è possibile che in particolari situazioni non sia presente una "**Prima Pagina**" o che questa sia demandata a una pagina diversa da quella principale del portale.

In "**Gestione prima pagina**" possiamo selezionare uno o più articoli e cliccando su "**Rimuovi**" toglierli dalla prima pagina; le notizie rimosse saranno visibili comunque nella propria sezione e categoria. E' possibile selezionare uno o più articoli e sospenderne la pubblicazione o pubblicarli semplicemente selezionandoli e cliccando su "**Pubblica**" o "**Sospendi**" proprio come in "**Gestione articoli**", nello stesso modo è possibile archiviarli.

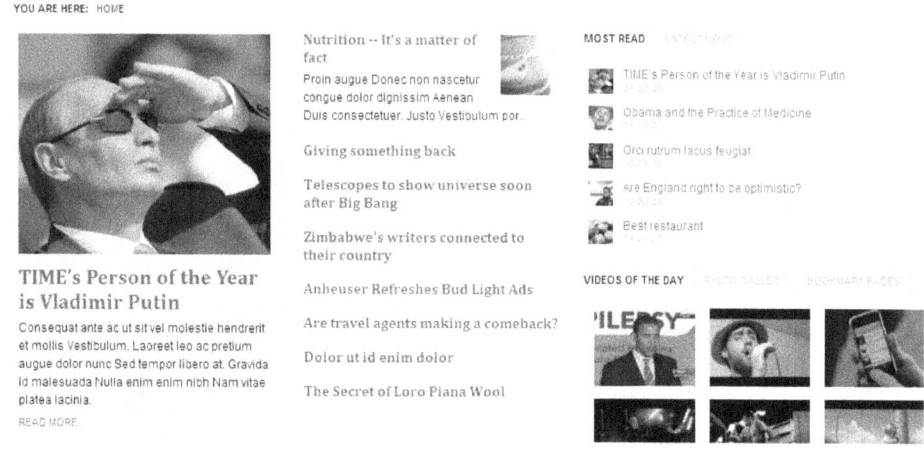

Esistono moduli e templates che possono espandere e modificare drasticamente la gestione della prima pagina di un portale come nel caso del templates JA Teline specifico per la gestione di quotidiano online.

Gestione Moduli

Come abbiamo visto la visualizzazione degli articoli correlati avviene tramite il "Modulo" FJ Realted Article Plus. Sono molti i contenuti che vengono visualizzati e gestiti dai vari moduli che come mattoncini creano la struttura del nostro sito. Per modificare le impostazioni, la posizione e decidere se e come deve apparire un determinato modulo è necessario aprire **Gestione Moduli.**

Quindi dal menù di amministrazione selezioniamo: **Estensioni > Gestione moduli**

Appare così l'elenco dei moduli presenti nel nostro sito, sia quello che sono attivi, sia quelli che sono disattivati. Nella normale amministrazione del nostro portale solo raramente avremmo la necessità di gestire i moduli.

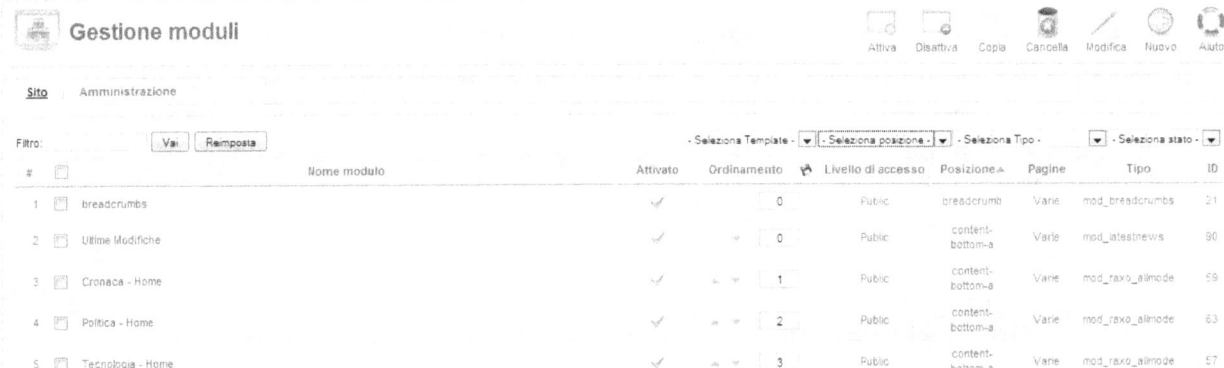

Come abbiamo visto per la Gestione Articoli è possibile utilizzare i filtri per trovare il modulo che vogliamo modificare. E' possibile effettuare le ricerche in base alla posizione, tipologia di modulo e allo stato. Possiamo cercare un modulo che ha nel nome parte di una parola o una parola utilizzando il campo "Filtro" e cliccando su "Vai".

E' possibile intervenire sull'ordine dei moduli che occupano la medesima posizione modulo, lavorando sul campo "Ordinamento" inserendo direttamente il numero della posizione o utilizzano le freccette. E' possibile decidere se il modulo sia pubblicato o non pubblicato attraverso la colonna "**Attivato**" o dopo aver selezionato un modulo o più moduli cliccando sulla voce "**Attiva**" o "**Disattiva**" a seconda del risultato che vogliamo ottenere.

E' possibile creare una copia del modulo o più moduli selezionandoli e cliccando sulla voce "**Copia**"; come per gli articoli selezionando un modulo o un gruppo di moduli è possibile cancellarli con un click sulla voce "**Cancella**". A differenza però degli articoli non esiste un "Cestino" dove poter recuperare un modulo cancellato una volta effettuata questa

operazione, ovviamente è possibile ricreare il modulo e configurarlo con un semplice click su
"**Nuovo**".

Posizioni Modulo

Ogni template per Joomla! presenta diverse posizioni modulo, dei contenitori dove saranno
visualizzati i vari contenuti del nostro sito. E' possibile vedere tutte le posizioni modulo sia
nel pannello di amministrazione di Joomla!

Estensioni > Gestione Template > Template in uso > Anteprima

Sia aggiungendo **?tp=1** o **&tp=1 dopo index.php nella barra URL del browser** per esempio:

http://www.tgeu.info/index.php?tp=1

Sarà visualizzato il sito con le posizione modulo disponibili ed occupate. I Template
professionali espandono il modulo per tutta la dimensione disponibile, quindi se disponiamo
di tre posizioni modulo affiancate per esempio:

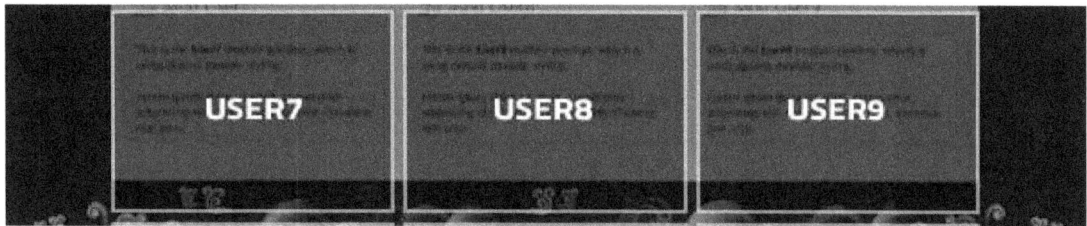

Se in uno schema come quello in figura occupiamo la posizione modulo USER7 lasciando
libere le posizione adiacenti il modulo **USER7** userà tutto lo spazio disponibile, ovvero un
area che è la somma di **USER7, USER8 e USER9**. In molti Template è possibile inserire due
moduli nella medesima posizione in questo caso i moduli saranno posizionati uno sopra
l'altro.

Modulo Articoli Correlati

Creare dei collegamenti tra i vari articoli è un buon sistema per aumentare il numero di
pagine lette dai visitatori, che una volta giunti tramite un motore di ricerca ad un articolo
presente sul nostro sito possono trovare negli articoli correlati informazioni aggiuntive.

Joomla! dispone di un proprio modulo già integrato con il quale è possibile gestire con
facilità collegamenti tra articoli in base a una o più **parole chiave** inserite nelle informazioni
Metadata degli articoli.

Parametri

Parametri modulo

Mostra data ◉ Nascondi ○ Mostra

Suffisso classe CSS
modulo

Parametri avanzati

Parametri del Modulo Articoli Correlati di Joomla!

Il modulo preinstallato in Joomla! risulta scarsamente configurabile, permette
esclusivamente di decidere se mostrare o no la data, **non è possibile limitare** il numero di

articoli corrispondenti a una determinata parola chiave, **né decidere il numero di corrispondenze**, ma è possibile installare, configurare ed usare diversi moduli e plugin aggiuntivi tra i quali **FJ Realted Articles Plus** che presenta diverse funzioni e possibilità di configurazione e correlazione tra i vari articoli.

Il Modulo FJ Realted Articles Plus

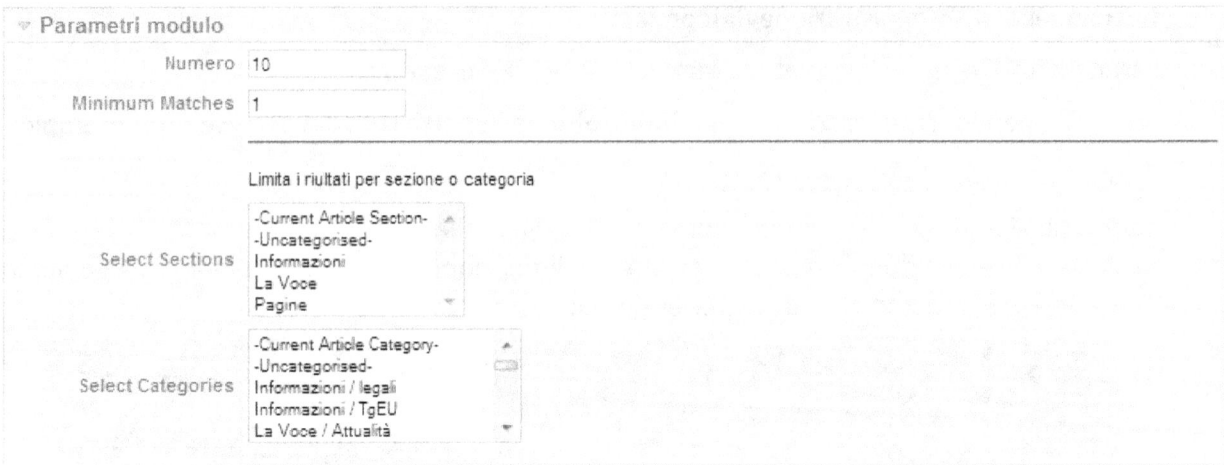

Il modulo **FJ Realted Articles Plus** a differenza del modulo standard di Joomla! Offre la possibilità di limitare il numero di articoli correlati, impostano nel campo "**Numero**" il valore desiderato. Possiamo decidere il numero di parole chiave che gli articoli devono avere in comune con l'articolo che viene visionato operando sul campo "**Minimum Matches**". È possibile limitare le relazioni limitatamente a una sezione o categoria di articoli, selezionando le voci contenute nel campo **Select Sections** e **Select Categories**.

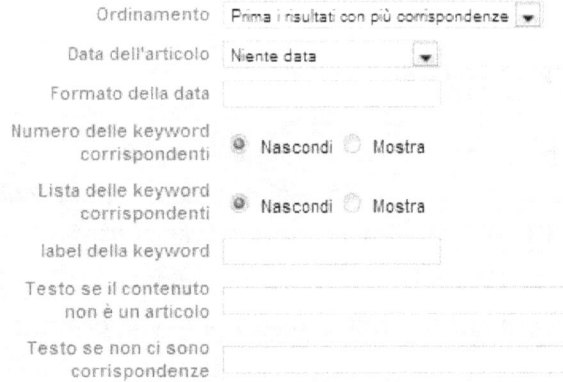

Il modulo offre la possibilità di decidere l'ordinamento degli articoli correlati:

- Alfabetico per titolo
- Prima i più recenti
- Prima i più vecchi
- Prima i risultati con più corrispondenze
- Ordine del manager degli articoli
- Alfabetico per keyword

Si può intervenire su vari aspetti decidendo se rendere visibile la data dell'articolo, il numero di Parole Chiave corrispondenti trovate e la lista delle stesse.

	Includi tutti gli articoli dello stesso autore
Corrispondenze per autore	◉ No ○ Si
Corrispondenze per alias dell'autore	◉ No ○ Si
	Includi tutti gli articoli della stessa categoria
Corrispondenza per categoria	◉ No ○ Si
	Mostra la prima parte degli articoli come tooltip (muovendo il puntatore del mouse sopra il link)
Mostra il testo introduttivo come tooltip	○ Si ◉ No
Lunghezza massima del testo come tooltip	250
Titoli come link	◉ Si ○ No
Keyword da ignorare	
Ignora tutte le keyword	◉ No ○ Si
Suffisso classe CSS modulo	square6

Si può decidere se includere gli articoli dello stesso autore e/o dello stesso alias, dell'articolo visionato e se includere o no il testo in una "tooltip" che viene mostrata quando con il mouse si passa sopra il titolo degli articoli correlati . Il modulo permette in oltre d'ignorare un certo numero di Keyword, escludendole dalla corrispondenza tra i vari articoli. Queste caratteristiche rendono il modulo **FJ Realded Articles Plus** estremamente versatile e potente che può aiutare ad aumentare le pagine per visita e semplificare la navigazione all'interno del sito.

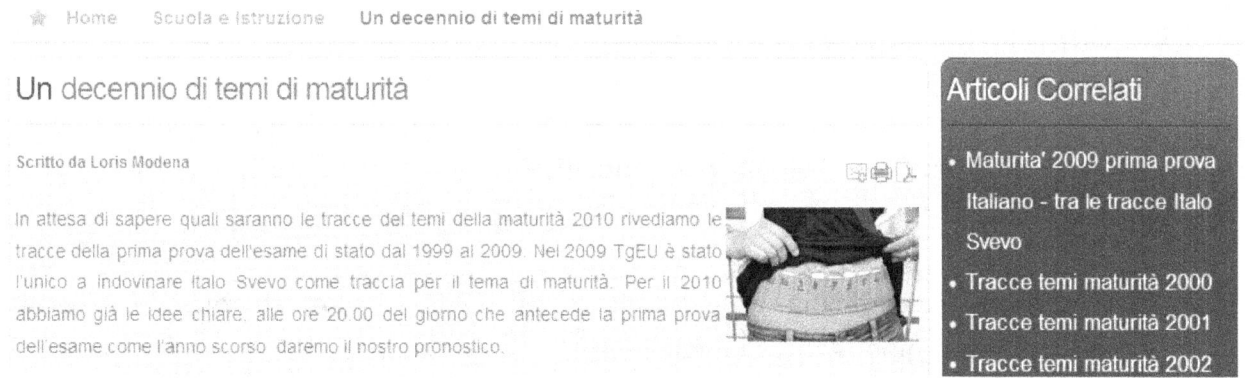

Esempio di Articoli Correlati di TgEU.info realizzati con il modulo FJ Realted Articles Plus

Modulo Notizie Recenti

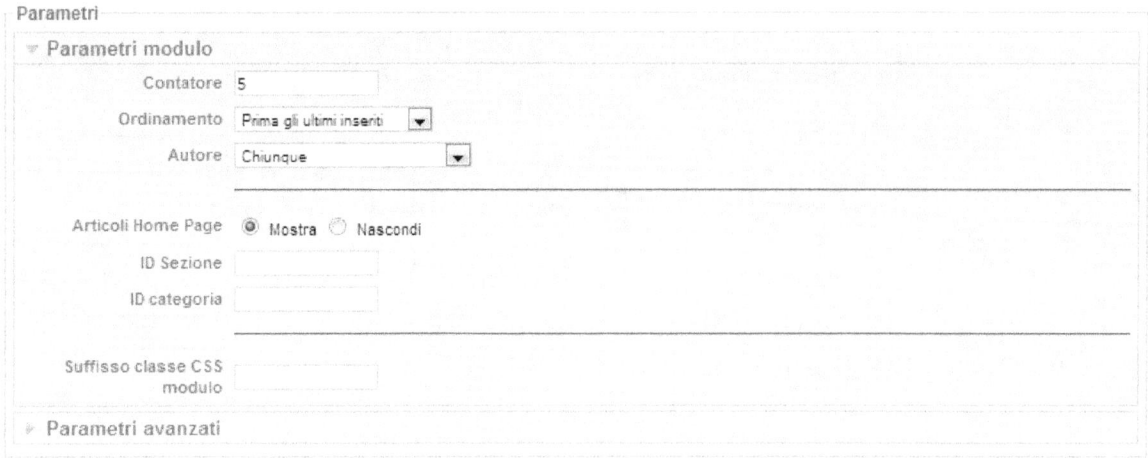

E' il modulo standard di Joomla! che visualizza sul vostro portale gli ultimi contenuti aggiunti, di semplice configurazione e modifica, diversamente dal modulo Articoli Correlati presenta un numero sufficiente di opzioni.

E' possibile decidere il numero di articoli che saranno mostrati inserendo il valore desiderato nel campo "**Contatore**" e l'ordinamento decidendo tra:

- **Prima gli ultimi inseriti**; mostra gli articoli in base alla data d'inserimento . Selezionando questo ordinamento verranno visualizzati gli ultimi articoli inseriti.

- **Prima gli ultimi modificati**; mostra gli articoli in base alla data di modifica, selezionando questo tipo di ordinamento verranno mostrati gli articoli che sono stati modificati di recente, indipendentemente dalla data d'inserimento.

E' possibile decidere a quali sezioni e categorie devono appartenere gli articoli visualizzati in base all'ID di sezione o categoria, nel caso di sezioni o categorie multiple gli ID vanno inseriti separati da una virgola, per esempio se inseriamo gli ID: 1, 22, 33 nel campo "Sezione" verranno visualizzati solo gli ultimi articoli modificati o inseriti (in base alle impostazioni) che appartengono alla sezione con ID 1, 22 e 33.

Si può decidere se mostrare anche gli articoli inseriti in Prima Pagina selezionando "**Mostra**" o "**Nascondi**" nel campo "**Articoli in home page**".

Modulo Contenuti più letti

Il modulo è molto simile nella configurazione al modulo "Notizie Recenti", non presenta la possibilità di selezionare un diverso ordinamento e mostra quindi esclusivamente i contenuti più letti.

Ultime Notizie	Contenuti più letti
• Suleyman 2 - Lo spaccio in differita	• Playboy con Sarah Nile al Moto GP
• Vinto il Premio SIAE x DEMO	• YouPorn lui vede lei a letto con il migliore amico
• La batteria, questa sconosciuta	• Quanto dura l'amplesso perfetto?
• Articolo - Banner	• Operazione Goldfinger, quando si è nullatenenti e miliardari
• Il Venezuela di Chavez, un vero e proprio regresso socio economico	• Rocco Siffredi contro Youporn

Modulo HTML personalizzato

Questo modulo permette di inserire uno o più moduli con un contenuto personalizzato formato da testo, immagini o video operando come nella stesura di un articolo, e posizionarlo in una qualsiasi posizione modulo.

Avvertenze: Questo "Blog Collaborativo" non rappresenta una testata giornalistica in quanto viene aggiornato senza alcuna periodicità. Non può pertanto considerarsi un prodotto editoriale **ai sensi della legge n. 62 del 7.03.2001** Costituzione Italiana - **Art. 21** Tutti hanno diritto di manifestare liberamente il proprio pensiero con la parola, lo scritto e ogni altro mezzo di diffusione.

Pincipali collaboratori: Bruno Allevi, Giorgio Nadali, Sonia Costa, Gennaro Langella, Domenico Maura, Nicola Palangio, Nicola Brusco, Elisabetta Castiglioni, Virgilio Tisba, Annamaria Rossini, Fabrizio Cambi, Stefano Bisogni, Luigi Tosti.

TgEU info è un blog collaborativo nato da un idea di **Loris Modena** e **Stefania Tamberlani** a gennaio 2007 - leggi la storia di TgEU.

Redattori: http://www.stefaniaeloris.eu
Redazione: redazione@vitaromana.eu
Oroscopo curato da: Biogantropo
TgEU & Partners: Pegaso Roma, Studio Legale Fulco Rossi, Associazione Storico e Culturale I Templari, CE.S.AR Centro Studi Archeometrici, Trentino Libero.

Direzione Marketing e Pubblicità: Arte e Informatica, Via S. Croce sull'Arno 9 - 00148 Roma - Tel. 06 92963514 - Fax 06 60507018 - Email: info@arteinformatica.eu

Il modulo è molto utile per inserire informazioni e contenuti che non si modificano frequentemente, in genere contatti e avvertenze, informazioni e immagini.

Configurazioni comuni dei Moduli

I moduli presentano delle configurazioni comuni, indipendentemente dalla loro tipologia.

Il primo campo **"Tipo Modulo"** non permette nessun tipo d'intervento indica semplicemente la tipologia di modulo sul quale stiamo operando. Nel campo **"Titolo"** possiamo inserire e modificare il nome con il quale il modulo apparirà nell'elenco in **Gestione moduli** e sul sito se la voce **"Mostra titolo"** è impostata su "Si". Il campo "Attivato" indica se il modulo è pubblicato, il menù di selezione **"Posizione"** permette d'indicare la posizione modulo da occupare.

Il campo "**Livello d'accesso**" permette di selezionare che gruppo di utenti potranno vedere il modulo, impostato su "**Public**" il modulo sarà visibile a tutti gli utenti sia quelli registrati che non registrati. Impostandolo su "**Registered**" il modulo sarà visibile unicamente dagli utenti registrati che hanno effettuato il login al sito. Il livello "**Special**" mostra il modulo solo agli utenti con privilegi d'amministratore.

Assegnazione menu permette di decidere a quali voci di menu associare il modulo, ovvero dove il modulo viene visualizzato, selezionando "Tutte" nel campo "Voci di Menu" il modulo viene mostrato in tutte le pagine del sito.

Un campo che appare in molti moduli è il "**Suffisso classe CSS modulo**" permette di specificare uno stile individuale per il modulo che dipende dal Template usato per il proprio sito, o da fogli di stile aggiuntivi. Per conoscere questo parametro è necessario fare riferimento alla documentazione relativa al Template e in particolari casi alla documentazione relativa al modulo che stiamo configurando.

I Parametri avanzati presentano differenze a seconda della tipologia di modulo che stiamo configurando, ma tutti i moduli presentano la possibilità di attivare o disattivare la Cache e decidere il tempo in minuti prima che la Cache sia eliminata. Impostando la voce "**Cache**" su "**Nessuna cache**" disattiviamo per il modulo la gestione della medesima.

Gestione dei Banner

Selezionare **Componenti > Banner > Banner** dal menu a tendina nell'amministrazione di Joomla!.

Nella pagina di gestione banner è possibile vedere le statistiche relative alle "Impression" (visualizzazioni) e ai click ottenuti da ogni banner.

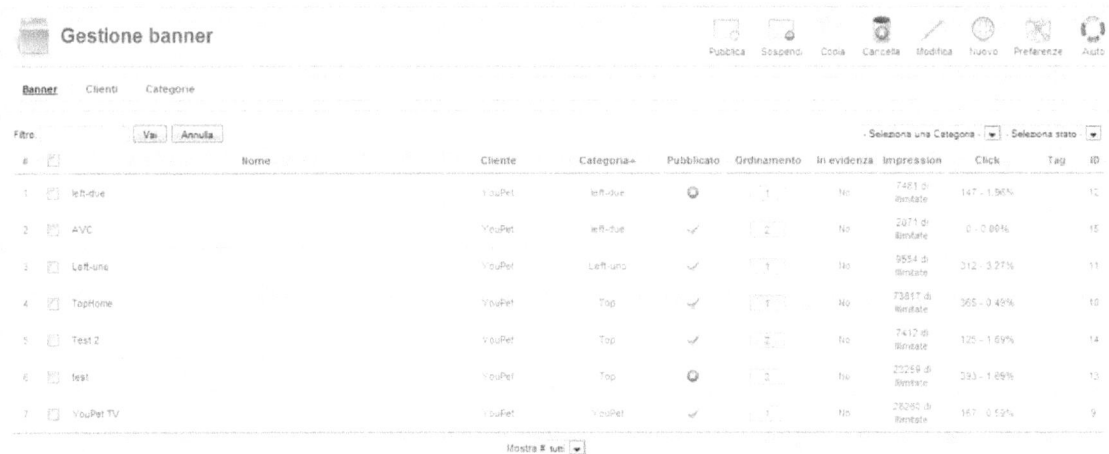

E' possibile cliccare sui pulsanti delle colonne per modificare l'ordine degli elementi visualizzati.

- **#:** Indica un numero progressivo assegnato automaticamente da Joomla!. Questo valore non è modificabile.

- **Nome:** il nome del Banner. E' possibile cliccare sul nome del Banner per modificarlo.

- **Cliente:** il cliente associato al Banner

- **Categoria:** la categoria alla quale un banner appartiene.

- **Pubblicato:** indica se il banner è pubblicato o no. E' possibile cambiare lo stato di pubblicazione cliccando sulla icona in questa colonna.

- **Ordina:** l'ordine in cui vengono visualizzati gli elementi. E' possibile cambiare quest'ordine inserendo un ordine sequenziale e salvarlo premendo il pulsante 'Salva Ordine' in alto alla colonna.

- **In evidenza:** indica se un banner è in evidenza. I banner in evidenza in una determinata categoria avranno la precedenza sugli altri banner.

- **Impression:** indica quante volte il banner è stato visualizzato. Il primo numero indica il numero di visualizzazioni del banner, mentre il secondo indica il numero di Impressioni acquistate dal cliente (se configurate).

- **Click:** il primo numero indica quante volte un banner è stato cliccato. Il secondo numero indica la percentuale delle volte in cui il banner è stato cliccato in funzione delle visualizzazioni complessive (es. 3 su 1000 – 0,3%).

- **Tag:** tags opzionali per visualizzare i Banner in funzione del contenuto degli articoli. Quando il parametro "**Cerca per Tag**" del modulo Banner è settato su 'Si", verranno visualizzati i Banner i cui Tags corrispondono alle "**parole chiave**" inserite negli articoli che si stanno consultando attraverso le "**informazioni Metadata**" dei medesimi.

- **Mostra #:** indica il numero di banner visualizzati per pagina. E' possibile usare i pulsanti di navigazione per navigare tra le pagine se i banner sono superiori al valore impostato.

Barra degli strumenti

In alto a destra si trova questa barra degli strumenti:

- **Pubblica:** pubblica i banner selezionati.

- **Sospendi:** sospende i banner selezionati.

- **Copia:** permette di copiare uno o più banner selezionati.

- **Cancella:** cancella i banner selezionati.

- **Modifica:** modifica i dettagli del banner.

- **Nuovo:** crea un nuovo banner.

- **Preferenze:** apre la finestra della configurazione globale dei banner. Questa finestra permette di assegnare alcuni parametri a tutti i banner. Come si vede nell'immagine sottostante.

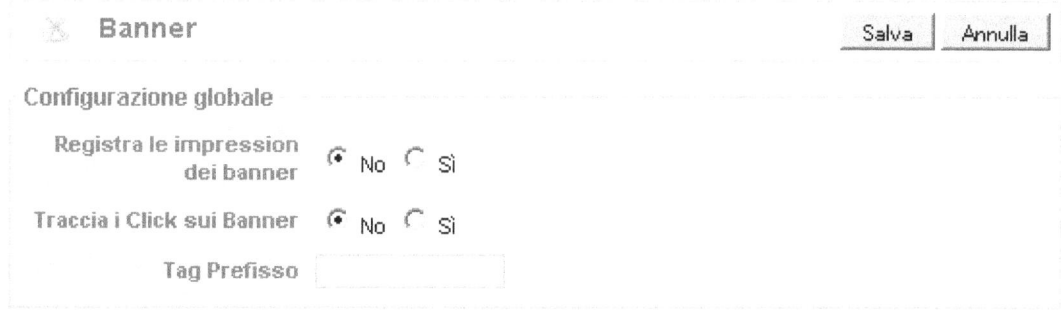

- **Aiuto:** apre la finestra dell'help.

Trovare un Banner

Filtro per titolo o ID

E' possibile filtrare l'elenco dei banner scrivendo parte del titolo o il suo ID. E' possibile filtrare l'elenco in base alla Categoria e/o lo Stato di Pubblicazione.

Filtro, in alto a sinistra sopra le colonne c'è il campo di ricerca come mostrato in figura:

Se si ha un elevato numero di banner, è possibile filtrare l'elenco per trovare facilmente il banner desiderato. Scrivere parte del titolo o un ID e cliccare sul pulsate 'Vai' per visualizzare i banner che corrispondono ai criteri di ricerca. E' possibile cercare una parola intera o solo una parte della stessa. Per esempio, "**pet**" corrisponderà a tutti i titoli con all'interno la parola "**pet**".

Filtro per Categoria o Stato di Pubblicazione

In alto a destra, sopra le colonne, ci sono due menu a tendina come mostrato in figura:

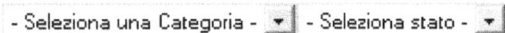

La selezione può essere combinata. Verranno elencati solo gli elementi corrispondenti ad entrambe le selezioni.

- **Seleziona una Categoria:** usare il menu a tendina per selezionare la categoria desiderata.

- **Seleziona Stato:** scegliere lo stato di pubblicazione : Pubblicato o Sospeso.

Aggiungere un nuovo Banner

La prima operazione da compiere è quella di caricare l'immagine JPG, GIF, PNG relativa al banner da aggiungere per farlo dal Menù di amministrazione selezioniamo: **Sito > Gestione Media.**

Ci spostiamo nella cartella banner e cliccando prima su "**Sfoglia**" per prelevare il file dal nostro computer poi facciamo click su "**Inizio caricamento**" per caricarlo nella cartella del Server.

Finito il caricamento del file, ritorniamo alla Gestione dei Banner: **Componenti > Banner > Banner**

Dalla Barra strumenti facciamo click su "**Nuovo**" e compiliamo il form di inserimento.

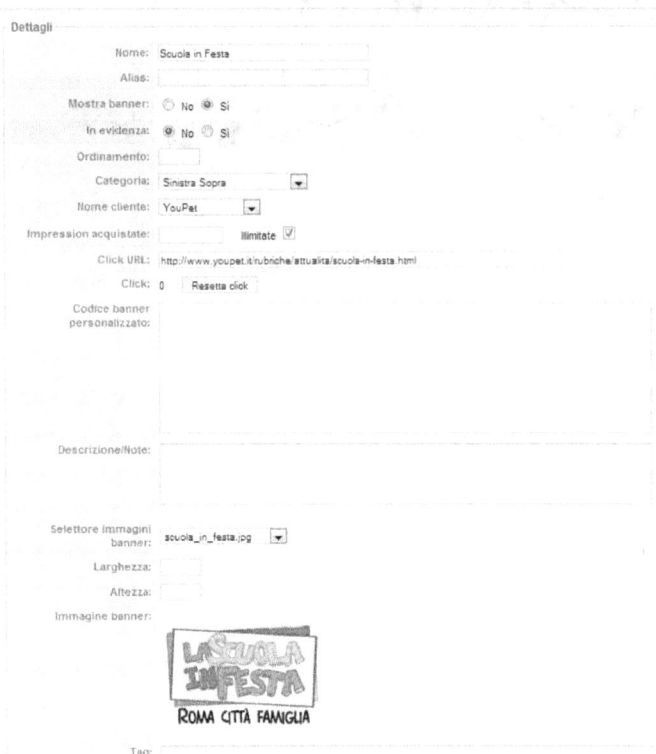

- Inserendo il Nome che voliamo dare al banner esempio "Scuola in Festa";
- Mostra banner "SI";
- Selezioniamo la Categoria reimpostata, es. "Sinistra Sopra";
- Selezioniamo il nome del cliente, es. "YouPet"
- Possiamo decidere se dare un limite alle "Impression" (visualizzazioni) oltre il quale il banner non sarà visualizzato o di lasciarle illimitate.
- Con "Selettore immagini banner" possiamo selezionare l'immagine.

Una volta terminato l'inserimento non resta che salvare cliccando sulla voce "**Salva**" in alto a destra. **Il Banner sarà subito visibile nella posizione modulo configurata e associata alla categoria del banner,** in rotazione con eventuali, altri banner presenti nella medesima categoria e pubblicati.

48

Aggiungere un Modulo Banner

Se necessitiamo di posizionare il nuovo banner o un banner già presente in una nuova posizione del sito, è necessario aggiungere un nuovo modulo banner. Dal menu di amministrazione di Joomla! selezioniamo: **Estensioni > Gestione Moduli**

Dal barra strumenti di Gestione moduli facciamo un click sulla voce "**Nuovo**"

Selezioniamo "**Banner**" e facciamo click su "**Succ**".

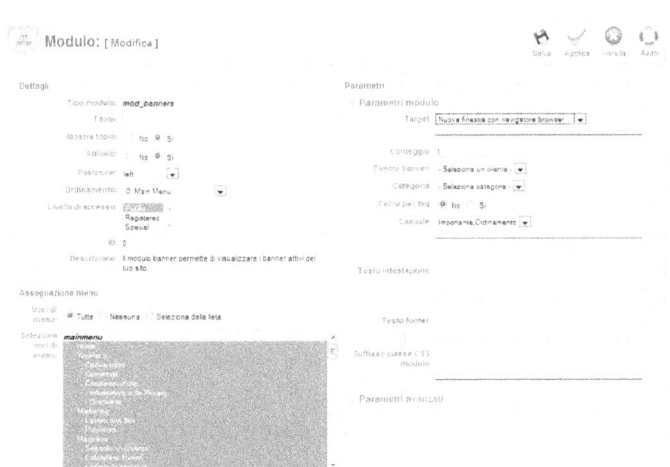

Nel riquadro Dettagli andremo a inserire un nome al nostro modulo: es. banner top, nella voce **Titolo** e nella voce "**Mostra Titolo**" diremo "No" in modo che non appaia sul sito il titolo del modulo che stiamo inserendo. Selezioniamo quindi "SI" sulla voce **Attivato**.

Non rimane che selezionare la **Posizione**, dove sul sito verrà visualizzato il nostro banner: es. left. La voce **Ordinamento** ci permette di decidere l'ordine di posizionamento in presenza di altri moduli che occupino la stessa posizione. Se non la selezioniamo il nostro modulo verrà messo in coda ad altri moduli già presenti.

Livello di accesso ci permette di selezionare il gruppi per i quali sarà visibile in banner:

- **Public**: tutti gli utenti sia registrati che non registrati;
- **Registered**: solo gli utenti registrati e amministratori;

- **Special**: solo gli utenti con possibilità di amministrazione;

Nel riquadro **Assegnazione menù**, possiamo decidere in quali pagine del nostro sito è visibile il banner, ovvero a quale voce di menù è assegnato il banner.

Nel riquadro **Parametri modulo** decidiamo quale categoria di banner visualizzare, di quale cliente, il tipo di ordinamento ecc.

- *Target*: dove far aprire la finestra del browser collegata al banner (nuova finestra o stessa finestra);
- *Cliente banner:* il cliente creato in precedenza (si può selezionare o meno, a seconda delle proprie necessità);
- *Categoria:* creata in precedenza (si può selezionare una determinata categoria per visualizzare solo i banner presenti nella medesima, oppure non selezionarne alcuna);
- *Scelta per tag*: si o no a seconda che si voglia o meno visualizzare il banner solo quando nella pagina è presente un determinato gruppo di parole;

Finito di configurare il modulo cliccando su **Salva**, sarà visibile nella posizione selezionata.

Banner e Tag

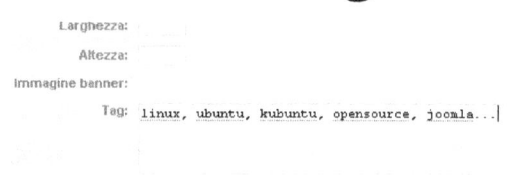

Nel form di inserimento del Banner è possibile inserire i Tag per mostrare i banner correlati al testo. In pratica con Joomla 1.5 si può creare una lista particolare di Banner identificata con specifici TAG.

Clienti e categorie dei Banner

In alto a sinistra, sopra al Filtro, si trovano le seguenti tre voci:

Banner   Clienti   Categorie

- **Banner:** questa voce è disabilitata se ci si trova nella pagina di gestione dei banner.

- **Clienti:** cliccando su questa voce si accede alla **Gestione clienti** dove è possibile inserire nuovi clienti o modificare quelli presenti.

- **Categorie:** cliccando su questa voce si accede alla **Gestione categorie** dove è possibile inserire nuove categorie di banner o modificare quelle presenti.

Creazione di una Categoria

Da **Componenti > Banner > Categorie** creiamo una nuova categoria con un nome che identifichi la posizione che verrà data al banner, ad es. Sinistra Sopra.

Creazione di un Cliente

Crea un cliente da **Componenti > Banner > Clienti**, puoi inserire anche un nome di fantasia.
Il pannello "Clienti" elenca le persone o le aziende di cui vogliamo inserire la pubblicità.

Gestione dei Sondaggi

Inserire un sondaggio nel proprio portale è un'occasione in più per i propri utenti d'interagire lasciando preferenze e opinione su prodotti e servizi.

La creazione di un sondaggio non è un operazione complessa, per prima cosa selezioniamo dal pannello di controllo la voce **Componenti -> Sondaggi**. Apparirà la schermata **"Gestione sondaggio"** dove sono elencati tutti i sondaggi già presenti nel sito.

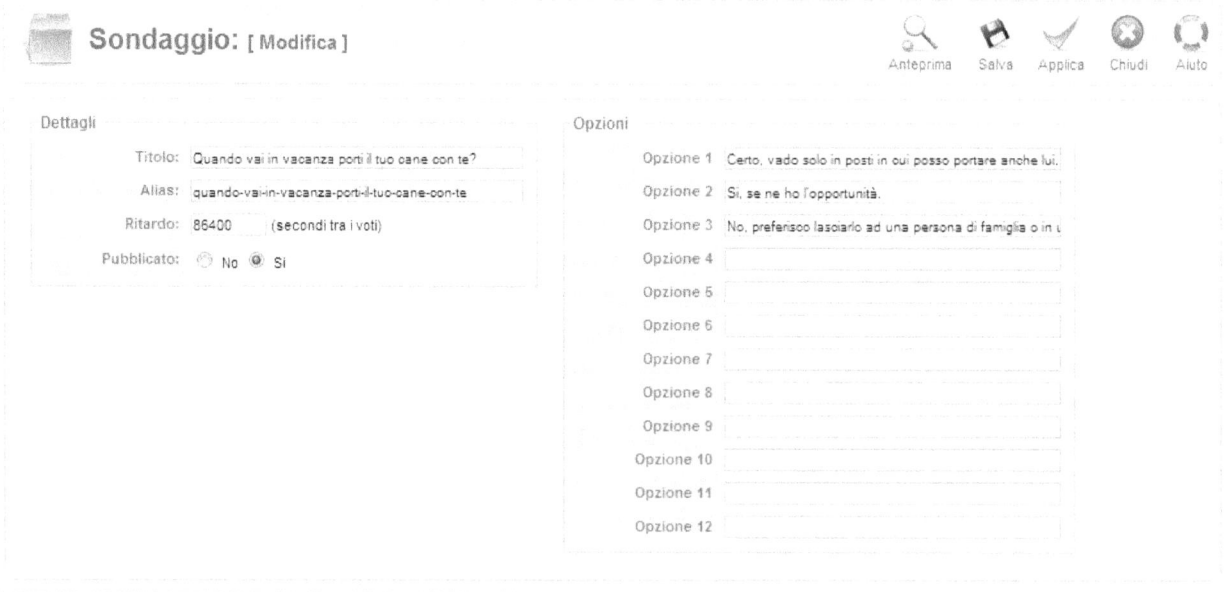

Cliccando sul titolo di un sondaggio già presente o selezionando e cliccando su "Modifica" questo verrà aperto in modifica dandoci l'opportunità di aggiungere o modificare le impostazioni.

Nel riquadro "**Dettagli**" è possibile modificare il "**Titolo**" del sondaggio, il ritardo di secondi prima che sia concesso a un utente che ha già espresso la preferenza di rivotare e lo stato "**Pubblicato**" si o no. E' possibile apportare delle modifiche all'**Alias**, ma tale operazione è consigliata solo agli esperti. Cliccando su "**Salva**" o "**Applica**" andremo a salvare eventuali modifiche. Con "**Chiudi**" chiuderemo la finestra di modifica senza salvare.

Creare un novo sondaggio

Dalla scheda "**Gestione sondaggio**" andando a cliccare su "**Nuovo**" apriamo la finestra che ci permette d'inserire un nuovo sondaggio. Andremo a inserire il "**Titolo**", che altro non è che la domanda che volete porre agli utenti, fare un segno di spunta su "**Pubblicato**" e inserire le diverse possibili risposte nel riquadro **Opzioni**. Cliccando su "**Salva**" o "**Applica**" andremo a salvare in nostro nuovo sondaggio. Il sondaggio non è ancora però visibile sul nostro portale questo perché è necessario creare o modificare il modulo che lo visualizza.

Modificare il Modulo Sondaggi

Creato il nostro sondaggio è necessario andare in **Estensioni -> Gestione** moduli e selezionare se presente il modulo che visualizza il sondaggio all'interno del nostro sito Web. Una volta aperto possiamo associare il nostro nuovo sondaggio selezionandolo dal menu a tendina presente nel riquadro "**Parametri**" e alla voce "**Sondaggi**". Cliccando su "**Salva**" o "**Applica**" andremo a salvare le modifiche apportate.

Creare un Modulo Sondaggio

In caso non sia presente, oppure è nostra intenzione visualizzare il sondaggio in altra posizione, tenendo attivo il precedente, è necessario creare un nuovo modulo sondaggi. Per creare un nuovo modulo sondaggio andiamo in **Estensioni -> Gestione Moduli** e clicchiamo sulla voce "**Nuovo**".

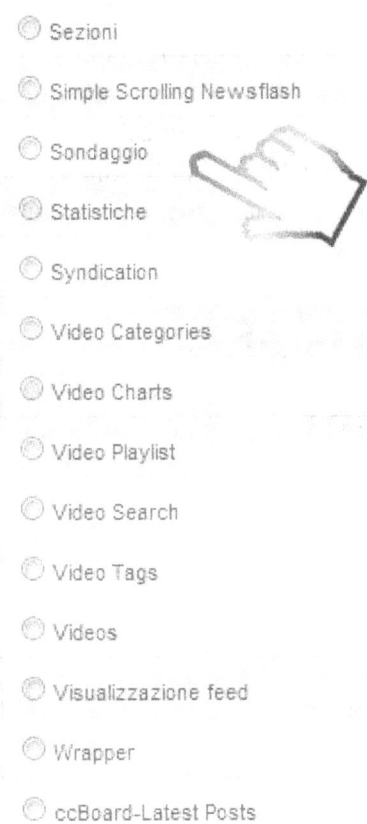

Appare l'elenco dei moduli che è possibile attivare, l'elenco varia a seconda della complessità del portale e del numero di moduli aggiuntivi che sono stati installati. Cerchiamo la voce "Sondaggio" e selezioniamola.

Non resta che cliccare sulla voce "**Succ**" andiamo quindi a inserire nella voce "**Dettagli**" il Titolo che voliamo assegnare al modulo, decidiamo se deve essere visualizzato e se il modulo è "**Attivo**" o meno. Andiamo quindi a indicare la posizione e l'ordinamento e il "**Livello d'accesso**" andando ad operare come abbiamo già visto nei capitoli precedenti (es. modulo banner).

Selezioniamo dal menu a tendina presente, nella colonna a destra della scheda alla voce "**Parametri modulo**" il sondaggio che abbiamo creato in precedenza e che vogliamo sia visualizzato sul nostro sito all'interno del modulo che stiamo creando. Cliccando su "**Salva**" o "**Applica**" andremo a creare il nuovo modulo.

Visualizzare i risultati dei sondaggi

Dal pannello di controllo di Joomla! è possibile vedere esclusivamente il numero di voti che il sondaggio ha ricevuto. I dati raccolti dal sondaggio sono accessibili lato "Front-end" del sito ovvero nella parte pubblica dello stesso.

Cliccando sulla voce "Risultati" possiamo vedere le risposte che gli utenti hanno dato ai sondaggi pubblicati sul nostro portale. Possiamo visualizzare i dati di altri sondaggi pubblicati selezionandone il titolo nel menu a tendina "Seleziona sondaggio".

Seleziona sondaggio Quando vai in vacanza porti il ▼

Numero di votanti

26

Primo voto

Martedì 27 Aprile 2010 10:01

Ultimo voto

Mercoledì 09 Giugno 2010 10:36

Quando vai in vacanza porti il tuo cane con te?

Hits	Percentuale	Graph
Certo, vado solo in posti in cui posso portare anche lui.		
20	76.9%	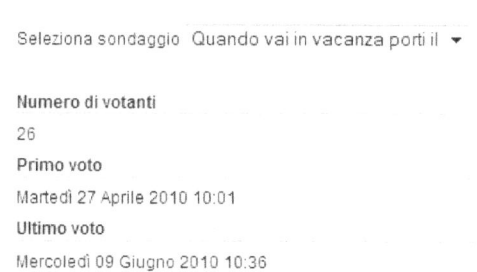
Sì, se ne ho l'opportunità.		
3	11.5%	
No, preferisco lasciarlo ad una persona di famiglia o in una pensione fidata.		
3	11.5%	

Gestione delle Newsletter

Fotolia: Online Marketing © vlorzor #21107505

Joomla! non dispone di una gestione delle Newsletter, ma è possibile installare diverse estensioni sia gratuite che a pagamento che permettono la gestione di una o più liste. Le più diffuse sono Communicator e Acajoom entrambe attualmente scaricabili e installabili liberamente.

Communicator è semplice a gestire e configurare, ha un buon sistema per importare ed esportare gli iscritti, ma non gestisce più liste e non integra un sistema di statistica. La sua semplicità d'uso ne fanno comunque un'ottima scelta per portali monotematici dove non vi è la necessita di suddividere gli utenti in più liste.

Acajoom è un sistema completo che può gestire più liste, integrare in modo automatico i nuovi iscritti al portale, riporta le statistiche d'invio e lettura e molto altro ancora. Di contro richiede una gestione e configurazione più complessa. Risulta indicato per portali che trattano più argomenti e per siti di commercio elettronico dove sia necessario suddividere per gruppi d'utenti gli invii e le iscrizioni.

E-mail con immagini, link e templates

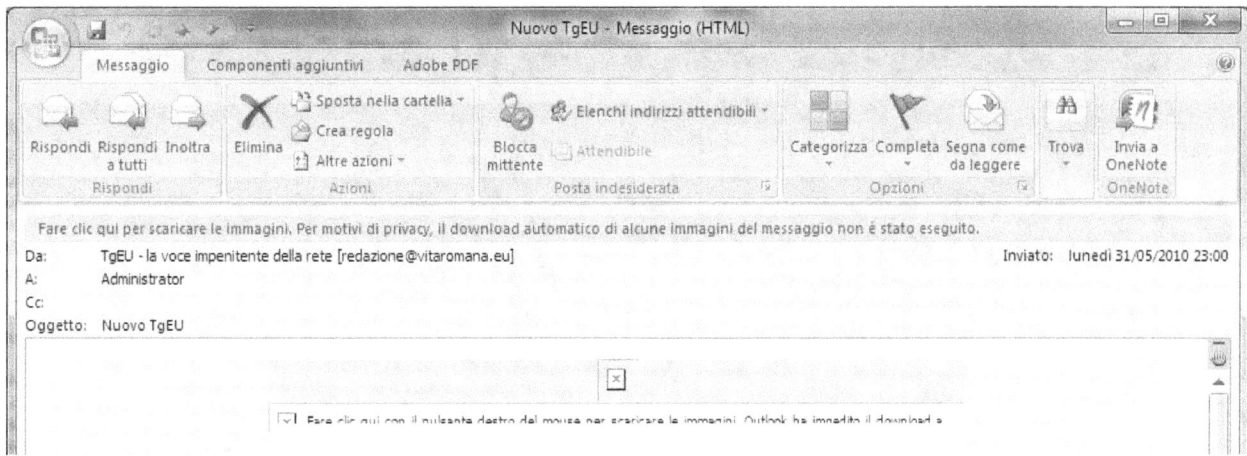

Attraverso l'uso dell'HTML è possibile creare E-mail molto elaborate, che in contro partita presentano, molte problematiche tra quali le due più importanti sono:

1. I più diffusi programmi di posta (Outlook, Windows Mail, Tunderbird, ecc.) disattivano le immagini e i contenuti esterni con un messaggio del tipo: "*Fare clic qui per scaricare le immagini. Per motivi di privacy, il download automatico di alcune immagini del messaggio non è stato eseguito.*". Un utente medio manderà nel cestino l'E-mail senza nemmeno leggere l'avviso ritenendola pericolosa.

2. Eccedere con link, immagini e templates elaborati per rendere l'e-mail accattivante ha come risultato che la stessa venga messa dal programma di posta elettronica dell'utente nella "**Posta indesiderata**", nel migliore dei casi che sia contrassegnata come sospetto "Spam".

E' dunque importante non cedere all'estetica che nei migliore dei casi viene completamente disattivata, e nei link, concentrandosi sul contenuto, la cosa più importante è che gli utenti ricevano e leggano l'E-mail.

Il componente Communicator

Per accedere alla gestione Newsletter andiamo in **Componenti -> Communicator -> Gestione Newsletter**. Nella scheda "**Gestione Newsletter**" appaiono le Newsletter già inviate, è possibile aprirle in modifica e rieseguire l'invio delle medesime. Cambiare lo stato da "**Pubblicato**" a "**non pubblicato**" indicando così se saranno consultabili dal "Front-end" del nostro sito web.

Per creare una nuova Newsletter abbiamo due alternative affidarci a un Wizard molto spartano cliccando su "**Componi Newsletter**" oppure attraverso una più semplice procedura manuale cliccando su "**Nuovo**".

Appare l'Editor che già conosciamo dalla Gestione articoli, nella voce "**Oggetto**" andiamo a inserire l'oggetto dell'e-mail che vogliamo inviare agli iscritti.

Andiamo a inserire come meglio crediamo il corpo del messaggio come se stessimo scrivendo un articolo. Inserendo nel testo il Tag **[NAME]** l'e-mail sarà personalizzata, in quanto durante l'invio il tag immesso verrà sostituito con il nome del destinatario.

A differenza degli articoli è presente un'altra casella testo dove inserire il "**Testo alternativo del Messaggio**" utile per chi leggerà l'e-mail da dispositivi che non sono in grado di gestire HTML. In questa casella copieremo solo il testo senza immagini, e al posto dei link andremo a mettere URL per esteso (es. http://www.arteinformatica.eu).

E' possibile selezionare diverse opzioni che intervengono sullo stato "**Pubblicato**" o "**Non pubblicato**" sul "**Livello di Accesso**", "**Inizio pubblicazione**" e "**Termine pubblicazione**". Lasciamo tutto com'è e andiamo in alto a destra e clicchiamo su "**Salva**".

#		Oggetto	Messaggio	Creato	Ultimo invio	Invia ora	Pubblicato	Verificato da
1		La mia Newsletter		2010-06-22 14:02:18	0000-00-00 00:00:00	⟳	○	

La nuova "Newsletter" appare ora nell'elenco, possiamo cliccare sulla "crocetta" rossa rendendola pubblicata e quindi visibile da "Front-end" del nostro sito. Per inviarla clicchiamo sulla "freccia" verde.

Prima di mandare la Newsletter a tutti gli iscritti selezioniamo dalla voce "**Invia al Gruppo**": Super Administrator, in modo che sia inviata solo agli utenti che hanno questo livello d'accesso e quindi verificare il risultato finale. Successivamente ripetendo l'operazione e selezionando "**Tutti gli Iscritti**" andremo a inviare la Newsletter. Di default il sistema invia le e-mail a blocchi di 100 utenti, ovvero se ci sono 353 iscritti, il sistema dividerà gli invii in 4 frazioni: da 1 a 100, da 101 a 200, 201 a 300 e da 301 a 353, è bene non variare questo parametro in modo che l'invio sia il più possibile corretto e sicuro.

A differenza di una lista di Outlook non viene inviata una sola e-mail poi smistata dal server di posta, ma vengono inviate tante e-mail quanti sono gli utenti, quindi il sistema impiega un certo periodo di tempo a seconda del numero di iscritti, ecco dunque che per non incorrere in un timeout da parte del server è importante suddividere le e-mail in piccoli blocchi.

Gestione degli Utenti in Communicator

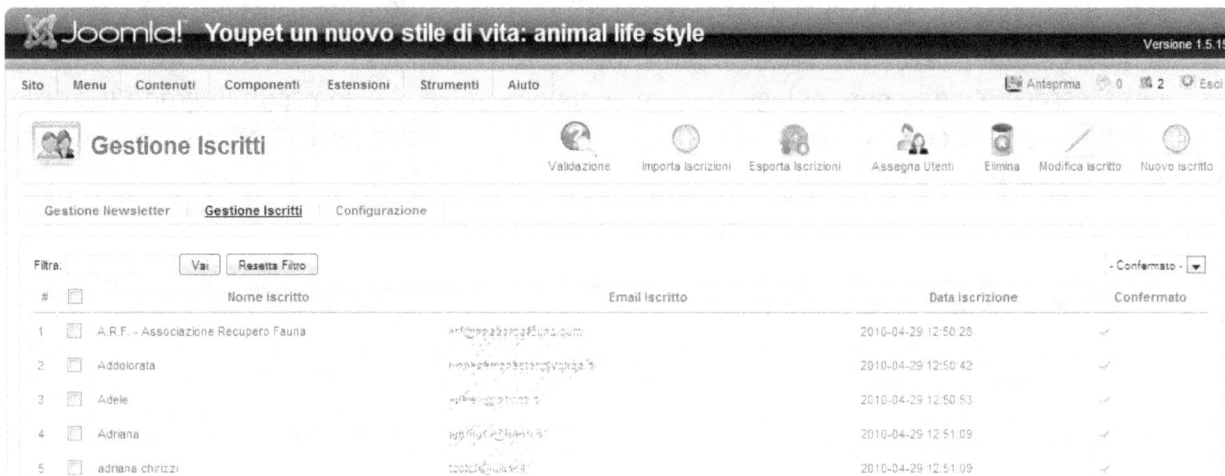

Per visualizzare e interagire con gli iscritti alla Newsletter andiamo in **Componenti -> Communicator -> Gestione Iscritti.** Nella scheda vengono visualizzati gli utenti che hanno sottoscritto la newsletter attraverso l'apposito modulo pubblicato nel "**Front-end**" del sito o che sono stati importati attraverso un file CVS o XML.

Gli utenti possono avere due stati "**confermati**" o "**non confermati**" a seconda che abbiano o non abbiano cliccato sull'apposito link di validazione inviato loro tramite e-mail. Agendo sul menu a tendina in alto a destra sopra la colonna "**Confermato**" della lista utenti e selezionando NO potremo vedere gli utenti che non hanno terminato la procedura di sottoscrizione alla newsletter, spesso si tratta di registrazioni con e-mail errate o da parte di bots automatici che si registrano ai siti e sottoscrivono i servizi, con l'intento di inviare spam attraverso Forum, Commenti ecc.

E' possibile selezionare gli utenti "non confermati" e cliccare su "**Validazione**" per verificare la correttezza dell'e-mail data e quindi abilitarli alla ricezione della newsletter, allo stesso modo possiamo selezionare gli utenti "non confermati" o quelli che non hanno passato la "validazione" e cliccando su "**Elimina**" rimuoverli dalla lista.

Gli utenti che hanno sottoscritto la newsletter possono rimuovere la loro iscrizione in qualsiasi momento, quindi difficilmente un utente vi chiederà d'essere rimosso avendo una procedura automatica per effettuare tale operazione in completa autonomia. Capita però che dopo l'invio di una Newsletter si ricevano messaggi d'errore dal server di posta che gestisce l'e-mail indicata per l'invio. Questi messaggi spesso sono causati dall'impossibilità di inviare il messaggio:

1. L'indirizzo e-mail del destinatario non esiste più, ed è quindi irraggiungibile.
2. La Mailbox del destinatario non può ricevere il messaggio in quanto ha superato la quota, ovvero l'utente ha la casella piena e non c'è più spazio per una nuova e-mail.

E' bene monitorare questi messaggi che possono essere momentanei: l'utente non controlla la posta da diverso tempo o il server che gestisce la posta non è momentaneamente raggiungibile. Quando però per lo stesso utente si presenta più volte questo problema è bene cercarlo nella lista, selezionarlo e infine cancellarlo. Con liste di poche centinaia di utenti non eseguire questa operazione, non crea particolari problemi, ma quando gli utenti sono migliaia non mantenere in ordine le sottoscrizioni porta a ricevere diversi messaggi d'errore che rendono l'e-mail utilizzata per l'invio, praticamente inutilizzabile o quasi.

Importare gli utenti in Communicator

Se un utente si iscrive al nostro portale non è automaticamente iscritto alla Newsletter. La Gestione utenti e la Gestione Newsletter sono quindi separate, può esistere un utente iscritto al sito, ma che non ha sottoscritto la Newsletter e un utente che ha sottoscritto la Newsletter, ma non è iscritto al sito.

Nel primo caso è possibile - se l'informativa della privacy che abbiamo comunicato ai nostri utenti lo prevede - iscrivere gli utenti registrati al portale anche alla newsletter. Per eseguire questa operazione clicchiamo in alto in "**Gestione Iscritti**" sulla voce "**Assegna Utenti**".

Non rimane che selezionare gli utenti anche a gruppi (non abbiate fretta se sono molti ripete più volte l'operazione a piccoli gruppetti) e cliccare su "**Salva**" gli utenti verranno aggiunti alla lista.

Configurazione di Communicator

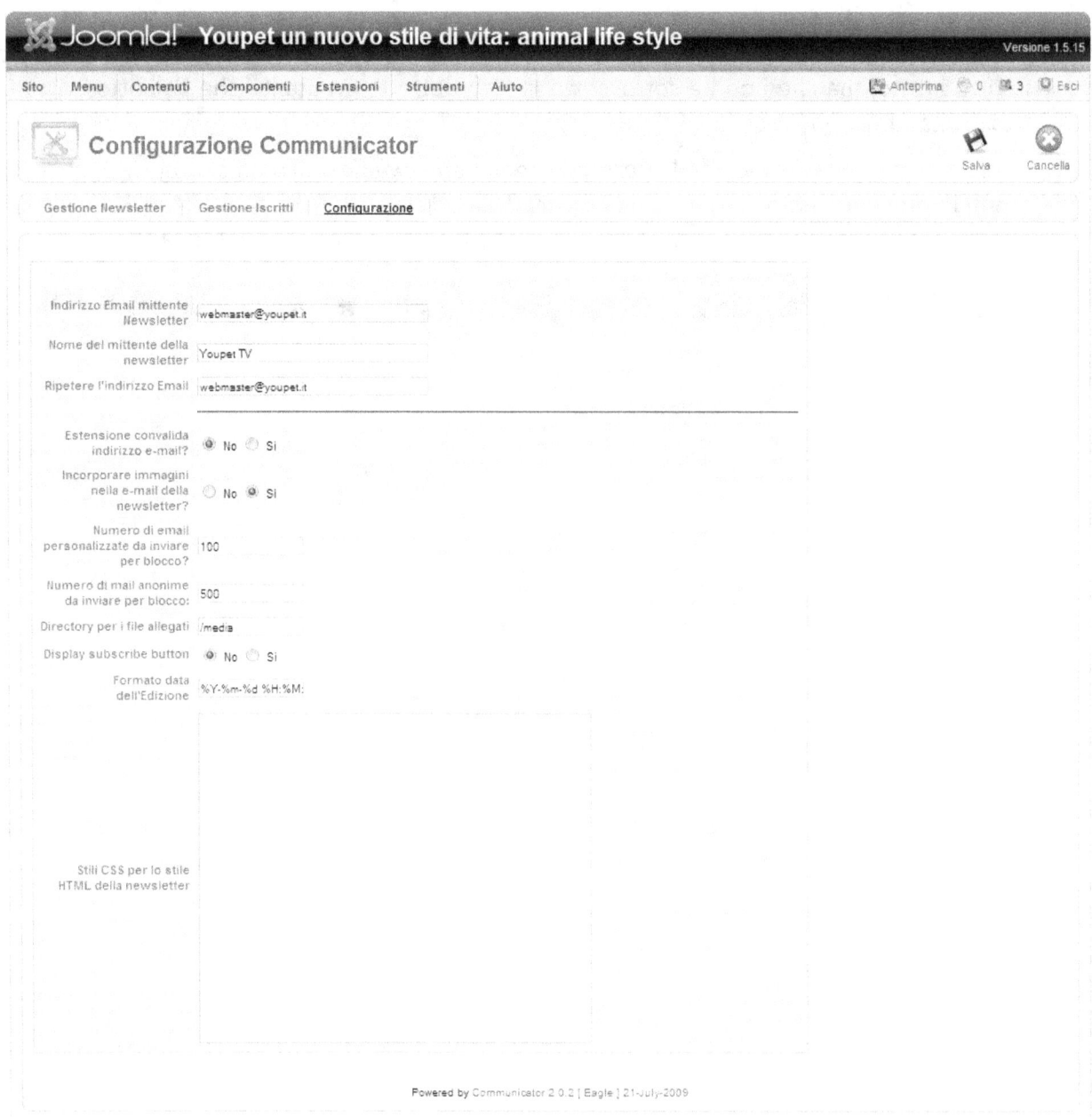

La configurazione di Communicator è molto semplice, basta indicare l'e-mail mittente, il nome del mittente e non è necessario modificare in genere i parametri di default. E' possibile inserire uno stile CSS per l'HTML delle Newsletter da inviare in modo da dare alle stesse un aspetto uniforme e professionale.

Cos'è lo Streaming?

Con il termine Streaming si identifica un flusso di dati audio/video che da una sorgente viene inviato o una o più destinazioni tramite una rete, ad esempio Internet. I dati vengono riprodotti man mano che arrivano a destinazione, ovvero non è necessario scaricare il contenuto audio/video in locale per usufruirne.

Esistono due principali tipologie di Streaming:

1. **Streaming on demand**;
2. **Streaming live**;

Nello **Streaming on demand**, i contenuti video sono compressi e memorizzati sul server come file. Un utente può chiedere al server di inviargli i contenuti e non è necessita di scaricarli per intero sul PC per poterli riprodurre: i dati vengono decompressi e riprodotti pochi secondi dopo l'inizio della ricezione. Questo ritardo serve a creare un "buffer" per rimediare alle latenze e piccole interruzioni della rete. Di questo tipo sono i flussi Streaming di **Real Video** e **Real Audio**, **Windows Media Player**, **QuickTime**, **Adobe Flash Video**.

Lo **Streaming live** è simile alla tradizionale trasmissione radio o video in broadcast. Anche in questo caso i dati trasmessi subiscono una compressione necessaria a alleggerire il carico sulla rete, che introduce un ritardo di circa una decina di secondi. Questa differita dello Streaming live non costituisce, in genere, un problema.

Il componente hdwVideoShare

hwdVideoShare è un'estensione di Joomla! di condivisione video che funziona in maniera

simile ad altri siti web di condivisione video come il blasonato YouTube. Per l'upload di propri video il componente richiede che su vostro server web siano installati: FFMPEG, FLVTOOL2, MENCODER, GD, FREETYPE, PHP e PERL caratteristica che non è presente nei servizi di hosting e housing comuni, per questo componente è necessario accedere ad offerte di hosting specifiche disponibili principalmente sul mercato USA o a server dedicati. Il componente hwdVideoShare è parte del package hwdMediaShare creato da Highwood Design, che include anche hwdPhotoShare (non localizzato attualmente in italiano) e hwdRevenueManager per gestire inserti pubblicitari all'interno dei video che andrete a caricare. Il componete supporta upload e la conversione dei seguenti formati video: mpg, mpeg, avi, divx, mp4, flv, wmv, rm, mov, moov, asf, swf e vob.

Attualmente il hwdVideoShare è rilasciato sia a pagamento che gratuitamente (con diverse limitazioni) in versione Beta. Può dunque presentare ancora diversi bugs, ma tra le soluzioni disponibili per Joomla! risulta la più completa e affidabile. Può essere installato anche su hosting non dedicato e privo del supporto necessario al caricamento e conversione dei video a patto d'integrarli da fonti esterne quali YouTube o caricarli già converti sul nostro spazio web in questo caso in modo leggermente macchinoso.

Gli utenti possono interagire con il video grazie alla tecnologia AJAX senza disturbare l'esecuzione del video: possono votare, commentare, segnalare e aggiungere i video ai propri favoriti. Si può permettere il caricamento dei video agli utenti in una o più categorie, anche attraverso la semplice inclusione da servizio esterni quali YouTube e Google Video.

Gestione dei Video

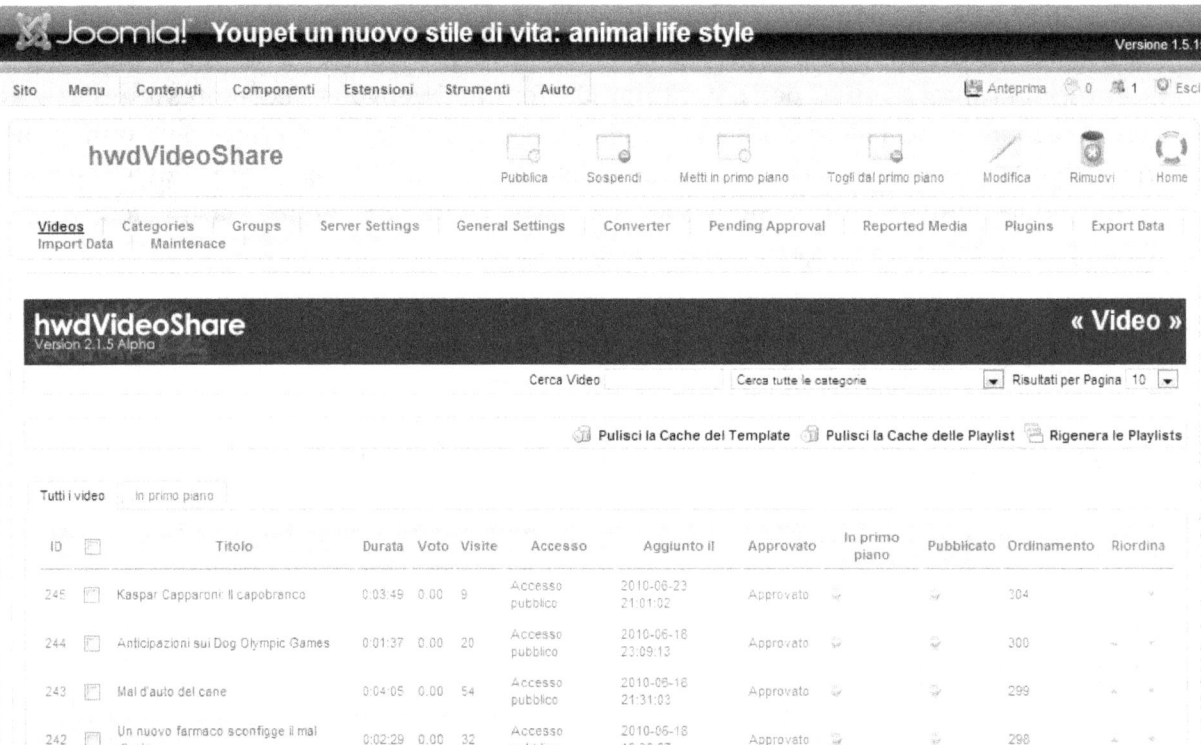

Per accedere all'elenco dei video presenti nel nostro portale andiamo in: **Componenti > hwdVideoShare > Videos**. Appare la schermata che elenca (come nel caso di gestione articoli) tutti i video che sono stati caricati sul nostro portale. La lista presenta alcune informazioni statistiche come il numero di viste e le votazioni che il video ha ricevuto, ci comunica se è in "**primo piano**" e se è "**pubblicato**".

Sono presenti due schede "**Tutti i video**" e "**In primo piano**", cliccando su quest'ultima voce verranno visualizzati esclusivamente i video che sono stati selezionati per apparire in evidenza nella homepage del componente. In modo analogo a quanto avviene per la gestione "Prima Pagina" relativa agli articoli.

Possiamo quindi selezionare uno o più video e decidere di pubblicarlo o sospenderne la pubblicazione con un semplice click sulle voci "**Pubblica**" e "**Sospendi**". Selezionando uno o più video possiamo decidere se inserirli in primo piano o se toglierli dal primo piano.

Modificare un video

Cliccando sul titolo del video o selezionandolo e cliccando sulla voce "Modifica" si aprirà la scheda che ci consente di modificare vari aspetti e configurazioni.

Il form che ci appare ci permette di modificare vari dati relativi al video **Titolo**, la **Categoria** in cui è pubblicato, i **Tag** e la **Descrizione.** Possiamo, operando nei parametri "**Di Base**", modificare lo stato di pubblicazione, la data e l'utente che ha caricato il video. In

"**Condivisione**" possiamo impostare il livello d'Accesso e decidere se permettere votazioni e commenti.

Nella sezione "**Re-conversion Tools**" possiamo decidere se riconvertire il video, rigenerare la Thumbnail, ricalcolare la durata e inserire nuovamente i Meta Data. Questi strumenti sono ancora in fase di sviluppo quindi sono da utilizzare con cautela. **Video Summary** riporta le informazioni relative al video e permette di caricare una Thumbnail direttamente dal nostro pc in sostituzione di quella generata in modo automatico.

Cancellare un video

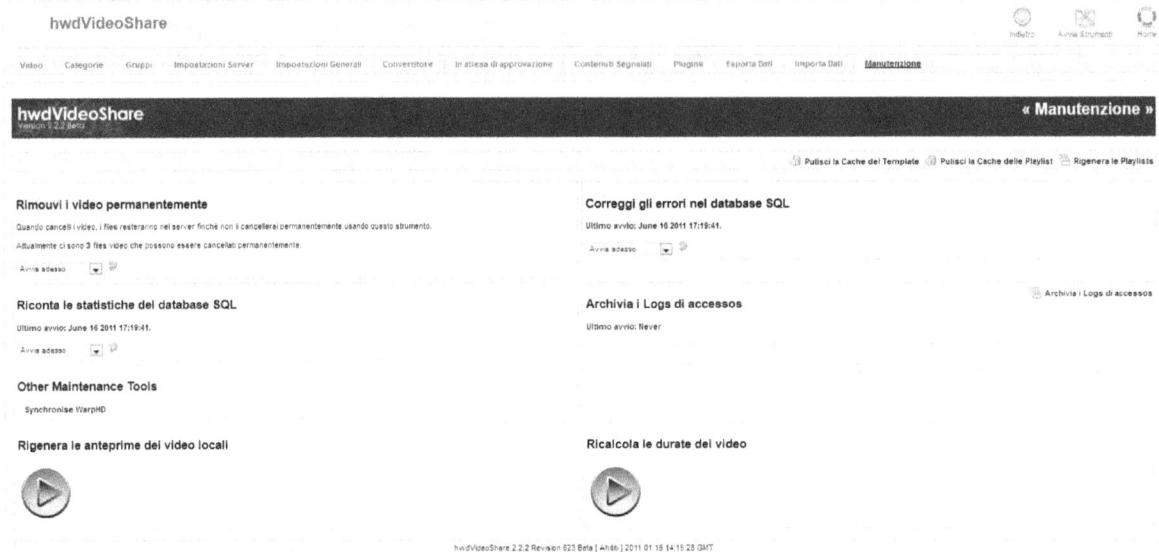

Per cancellare uno o più video una volta selezionato e cliccato su "**Rimuovi**" apparirà nella lista come "**Cancellato**" ma la voce è ancora presente, malgrado non sia possibile ripristinarla. Per rimuoverla completamente possiamo cliccare su "**Cancellato**" o andare nella scheda "**Maintenance**"

La Cache di Joomla!

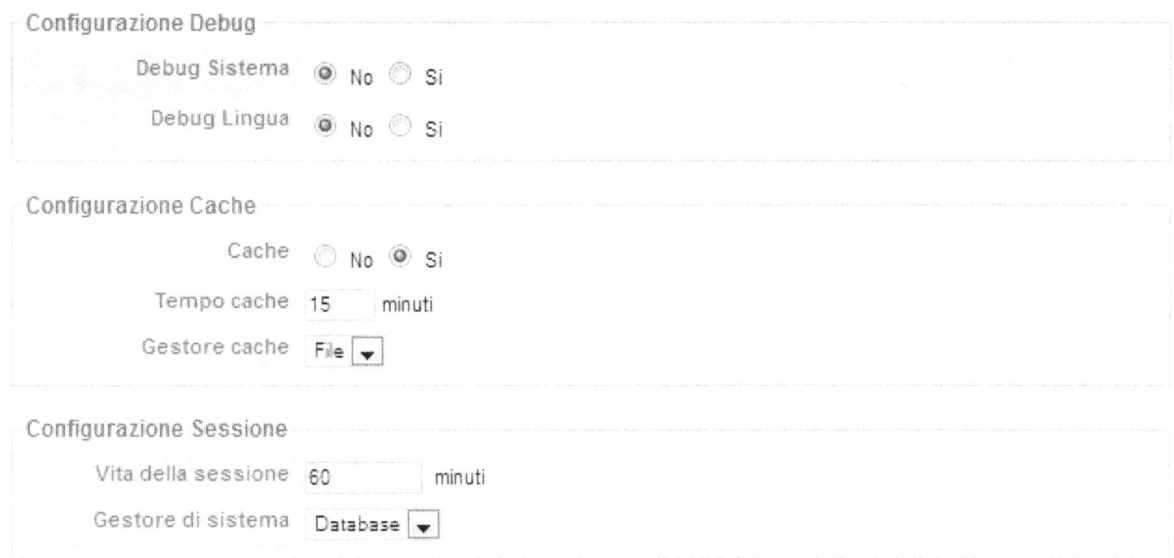

Nei portali molto complessi e molto visitati, viene attivata la cache per accelerare il caricamento e abbassare il carico di lavoro del server. Quando carichiamo un Sito Web dinamico, la pagina che ci viene presentata è creata in genere al "volo" dal server che risponde alla richiesta, elaborando una serie d'istruzioni. Nel caso del CMS Joomla! interpreta il codice PHP e genera il codice HTML che contiene le informazioni elaborate come le query al database. L'HTML, CSS e gli script lato client come JavaScript vengono poi elaborati dal Browser installato sul nostro PC e con il quale stiamo visitando il sito. Questa operazione generalmente richiede pochi millesimi di secondo, ma se le visite sono molte e la pagina è molto complessa le prestazioni decadono. Una soluzione è quella di salvare una copia delle richieste, rendendola disponibile per le richieste dei nuovi visitatori, senza rigenerare la pagina ad ogni richiesta con un notevole risparmio di tempo e risorse. Dopo un certo periodo la pagina viene cancellata e ricreata, un grande vantaggio che però ha un difetto, se nel frattempo i contenuti sono cambiati, le modifiche non saranno visualizzate fino a quando la copia di Cache non sarà eliminata.

Pulire la Cache di Joomla!

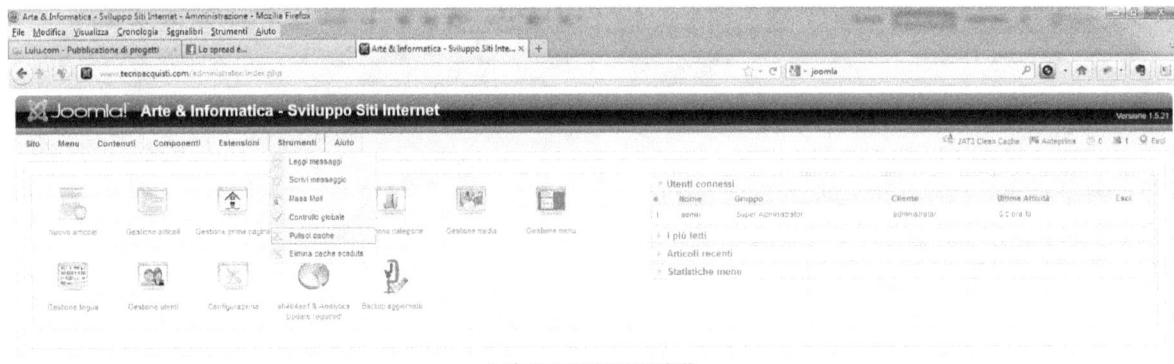

Se la cache è attiva molte modifiche non sono subito visibili in quanto la pagina che viene caricata è una versione precedente e non rielaborata includendo le nuove modifiche dal server. Per ovviare a questo inconveniente è possibile svuotare la cache prima della scadenza impostata nella configurazione globale di Joomla!.

Per svuotare la Cache dal menu di amministrazione andare su: **Strumenti > Pulisci cache**

Selezionare tutte le voci presenti e cliccare su "**Cancella**". Ricaricando il Sito ora le modifiche apportate saranno visibili.